30 Jours pour changer de vie

Direction de la publication
Isabelle Jeuge-Maynart et Ghislaine Stora

Direction éditoriale
Agnès Busière

Responsable éditoriale
Nathalie Cornellana

Relecture-correction
Laurence Alvado

Conception graphique
Aurore Elie

Illustrations et mise en page
Claire Morel Fatio

Fabrication
Donia Faiz

Photographies
Anne-Emmanuelle Thion

L'auteur et l'éditeur remercient Mathilde Piton
pour sa collaboration.

ISBN : 978-2-03-594473-3

Anna Austruy

30 Jours pour changer de vie

LAROUSSE

Introduction

« **B**ienvenue chers lecteurs et chères lectrices ! Je vais vous confier quelque chose… Je me suis posé des milliards de questions pour vous accompagner au mieux : j'ai écrit ce guide avec l'intention de vous permettre d'avancer vers un VOUS qui vous ressemble et vous rassure, qui vous stimule et vous fait rêver, qui vous rend serein et confiant, mais qui fait aussi de vous quelqu'un d'efficace, de cool et de po-si-tif !
Je ne ferai pas de vous une personne **parfaite**, car moi-même, je ne le suis pas et je ne souhaite pas l'être, mais une personne **unique** qui s'affirme, fait ses propres choix, croit en elle, s'aime beaucoup plus et avance sans peur, vers un futur plus que rassurant. »

➡ **Si vous êtes déjà heureux dans votre vie :** ce guide vous permettra de l'être **encore plus.**
➡ **Et si vous ne l'êtes pas :** nous avancerons ensemble, pas à pas. J'ai envie de vous aider à **passer le cap** et à sortir de cette zone de confort qui vous cloue sur place et qui vous empêche d'avancer et d'évoluer.

Comment suis-je devenue coach ?

Je vous entends me dire que, le développement personnel, c'est pour des personnes mal dans leur peau, pour les illuminés, c'est un truc qui vient des États-Unis, avoir un coach, c'est pour les riches… Honnêtement, c'est ce que je pensais et je me demandais qui y adhérait. Et puis, un jour, j'ai vu une vidéo sur YouTube d'un homme en costume noir qui s'agitait sur scène face à un public en délire. Le conférencier était un ancien joueur de hockey qui racontait qu'il avait failli perdre la vie, il avait ensuite pris conscience de ce qui était important pour lui et pour sa vie future.
C'était passionnant, mais le hic, c'est qu'il était canadien et que je ne me voyais pas prendre un billet d'avion pour le Canada pour discuter avec lui. J'ai donc continué à visionner les vidéos de Martin Latulippe sur mon canapé. J'ai également découvert un autre conférencier percutant,

À noter précieusement

- Tout ce qui vous arrive est le bienvenu pour avancer dans la vie.
- Je suis certaine qu'il suffit d'adopter un autre angle de vue pour voir sa vie différemment et l'apprécier à sa juste valeur.
- Je souhaite faire ressortir le meilleur de vous, au plus vite.

bienveillant et drôle, David Lefrançois, vivant en France, et donc plus accessible pour moi. J'ai découvert ses formations de coach en neurosciences motivationnelles à l'INA, l'Institut des neurosciences appliquées.
Un an plus tard (dans ma vie, je mets du temps avant de prendre de grandes décisions), j'ai commencé la formation et, une autre année plus tard, j'ai obtenu ma certification **mention TB. Je suis devenue master coach et superviseur !**
Martin et David sont deux mentors formidables qui m'ont permis de mieux me connaître, de ne plus douter, d'accepter ce qui m'arrive, même une expérience désagréable, de me concentrer sur ce que je veux ou ce que je ne veux pas, et tant d'autres choses encore !
C'est le bonheur ça, qu'en pensez-vous ?

Quel est mon rôle de coach et comment ce guide va-t-il vous aider à changer ?

Ne croyez pas que le coach est un militaire qui va vous hurler dessus ! Non, un coach, c'est quelqu'un qui est là **pour vous aider** à mieux vous comprendre. Il vous permet de mettre en place des changements : que ce soit pour reprendre confiance en vous, changer de travail, gagner plus d'argent ou même ranger enfin votre maison !
Un coach n'a pas de solutions toutes faites : il écoute, interroge et pose des questions personnalisées pour planter les petites graines du changement. Vous avez déjà en vous toutes les ressources pour y arriver, mais vous ne le savez pas encore, je vous le promets ! En tout cas, si vous avez ce livre entre les mains, c'est que vous avez **envie*** de changer !

* Avoir envie, c'est être en vie !

Quel est mon désir de changer ? Entourez votre réponse.

1 - 2 - 3 - 4 - 5 - 6 - 7 - 8 - 9 - 10

C'est parti !

Ce livre va fonctionner de la même façon qu'un coach : en vous posant des questions dans différents domaines de votre vie : vous manquez de confiance en vous ? Vous dormez mal ? Vous êtes trop timide ? Vous êtes bloqué ? L'heure est au BILAN, puis au CHANGEMENT. Je voudrais vous aider à **commencer à mettre en place les changements.** C'est déjà un grand pas de vouloir changer, c'est toujours mieux que de ne rien faire, ne l'oubliez pas.

Vous doutez peut-être de pouvoir y arriver, pourtant, je suis persuadée qu'avec l'envie et de bonnes techniques, vous pouvez le faire. Le coaching pour moi, c'est une forme de « neurobooste ». À chaque fois que vous faites ce que vous dites, vous avez de plus en plus confiance en vous ! Le boost pour avoir de la motivation, c'est prendre conscience de plusieurs choses :

➡ **Du sens que vous donnez à votre projet,** ce que vous voulez vraiment, ce que vous voulez éviter absolument ou ce que vous voulez apprendre.

➡ Et, pour **garder la motivation** sur le long terme, du fun, des amis, des fous rires, du plaisir, de la joie, du bien-être.

Après chaque étape, chaque petite avancée, ré-com-pen-sez-vous ! Ne soyez pas maso ! Soyez fier de chaque progrès, de chaque petit pas vers le changement : la fierté libère une hormone, la DHEA, qui est aussi l'hormone de jeunesse. Hello fontaine de jouvence !

Qu'est-ce que je veux changer ?
Quels sont mes objectifs ?

Avant de commencer, je tiens à vous dire **MERCI** de me faire confiance et **BRAVO** pour ce cadeau que vous vous faites : **vous avez ce guide entre les mains et vous avez décidé de changer !** C'est déjà une belle façon de prendre soin de vous et de vous aimer plus.

Mon programme
sur 30 jours pour changer de vie

Semaine n°3

Semaine n°4

Comment fonctionne ce guide ?

Ce guide est un cahier pratique, avec plein d'idées à mettre en œuvre. Chaque jour, prenez le temps de découvrir une nouvelle étape pour initier le changement. Faites les petits jeux, quiz et questionnaires proposés au fil de la journée. À la fin de chaque semaine, remplissez le bilan pour faire le point.

Découvrir	Expérimenter	Renforcer
1 jour, 1 idée Chaque jour aborde une nouvelle idée dans le domaine du coaching : c'est votre petite graine de changement.	**Des quiz, questionnaires, jeux à faire chaque jour** Il est important de répondre aux différents quiz, et même de les **refaire** jour après jour. J'ai une astuce incontournable pour changer votre façon d'être et vos habitudes : la **répétition.** Vous rappelez-vous votre première leçon de conduite ? Vous ne saviez pas utiliser les pédales ! À force de répéter et de s'entraîner, on devient plus fort. Ces petits jeux que je vous donne ne seront efficaces que si vous persévérez. Au boulot, les amis !	**Un bilan hebdomadaire** À la fin de chaque semaine, vous aurez un bilan à remplir, pour voir vos progrès et vos éventuels blocages. C'est l'occasion de faire le point ! 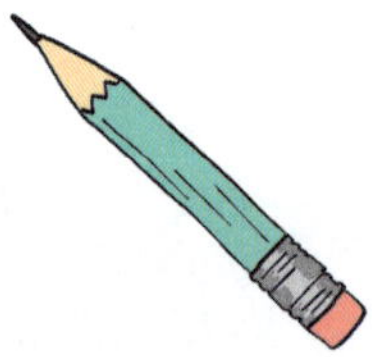

Évaluation de la fréquence des exercices	
1 fois	Bon début : premiers pas (la graine est semée)
2 fois	J'y crois, je m'accroche : médaille de bronze (elle prend racine)
Plus souvent	J'agis en faveur de mon bien-être : médaille d'argent (la fleur éclot)
À chaque fois	C'est indispensable à ma vie ! Médaille d'or (votre cadeau : le fruit)

Première action à mettre en place : la boîte à remonter le temps

Parcourez le sommaire : c'est le plan d'attaque des changements à apporter à votre vie.

➡ Quels sont ceux que vous souhaitez apporter à votre vie ? Notez chacun d'entre eux sur un petit papier.
Exemple : *Je veux bouger plus, Je veux être acteur de ma vie, Je veux mieux manger.*
Enfermez ces petits mots dans une boîte : c'est votre boîte à remonter le temps.

➡ On en reparle à la fin du livre !

Vous vous sentez trop vieux pour changer ?
Vous n'êtes pas vieux, vous avez enfin de l'expérience.

Jour 01

Je res-pi-re !

Une bouffée d'air… et de bonne santé

« Vivre en apnée a longtemps été mon truc. Même pendant la nuit ! Est-ce que ça vous est déjà arrivé de retenir votre respiration ? Et, quand vous lâchez tout, vous rugissez, au point qu'on vous prend presque pour un taureau prêt à charger ?
Eh bien, avant, c'était tout moi. J'étais la fille qui retenait tout, même sa respiration. La première fois où j'ai entendu parler de « respiration audible » et de « méditation », j'ai fait des yeux ronds comme si on m'avait parlé de l'arrivée des extraterrestres. Je ne voyais pas **COMMENT** respirer pouvait régler mes problèmes. Depuis deux ans, j'ai changé d'avis, et mes globules rouges et mon cerveau me disent merci. »

ET VOUS, AVEZ-VOUS DÉJÀ FAIT ATTENTION À VOTRE RESPIRATION ?

☐ oui ☐ non ☐ rarement

Dans quels cas ?

....

....

....

COMMENT RESPIRER ?

Maintenant, détendez-vous. Vous pouvez rarement faire plusieurs choses à la fois, alors choisissez un moment **RIEN QU'À VOUS** pour réussir cet exercice.
Pour certains, ce sera le matin, avant que toute la maison ne se réveille, pour d'autres, ce sera une petite pause pendant la journée au travail, ou alors le soir, avant de regarder leur série préférée.
Tenez-vous debout ou installez-vous bien calé sur une chaise.
Concentrez-vous sur votre respiration. Apportez une attention particulière à l'air qui rentre dans votre corps, puis qui en sort.

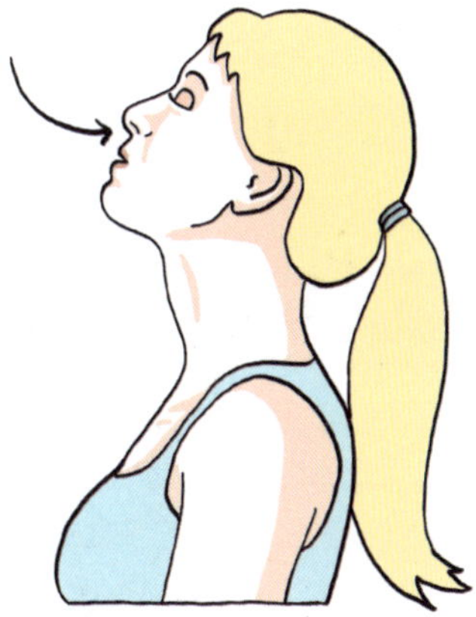

Êtes-vous prêt ? Go !!!

1. Exercice de cohérence cardiaque pour déstresser

Faites une longue inspiration sur **5 temps,** puis une longue expiration sur **5 temps.** Recommencez l'exercice pendant quelques minutes.
Au début, vous aurez un peu la tête qui tourne durant l'exercice, mais c'est normal, vous avez enfin décidé de faire fonctionner la machine à plein tube !
Quand vous inspirez, dites-vous que c'est la vie qui rentre en vous et, quand vous expirez, c'est la vie que vous partagez avec les autres.

➡ Cette respiration en 5 temps **permet un retour au calme et procure une sensation de bien-être.** Respirer est un processus inconscient, mais on peut agir dessus de façon consciente.

Astuce

Vous trouverez sur YouTube des vidéos de cohérence cardiaque qui pourront vous accompagner dans cet exercice.

Ma petite lumière scientifique

Si c'est pratiqué régulièrement et dans les règles de l'art, méditer et faire attention à sa respiration permettent un lâcher-prise qui joue le rôle d'antidépresseur. Perso, je VALIDE ce soin interne.

2. La marche audible pour être confortable dans son corps

Cet exercice de Mathieu Schlachet consiste à respirer de façon audible en marchant. Calez votre respiration sur vos pas : **inspirez** par le nez sur **2 pas,** puis **expirez** en soufflant par la bouche sur les **2 pas** suivants. Au début, si vous avez la sensation d'être essoufflé (hyperventilation), pas d'inquiétude, ça passera avec un peu d'entraînement.

3. La respiration abdominale pour se recentrer

Installez-vous dans une position confortable, assis, debout ou allongé. Fermez les yeux, la bouche, placez la langue contre le palais. Lorsque vous inspirez, remplissez votre abdomen avant de remplir les poumons et, lorsque vous expirez, videz votre abdomen, puis les poumons.

Faites ces mouvements de respiration lentement, mais profondément.

➡ Cette respiration procure une sensation de **détente immédiate** et permet de reprendre le **contrôle de ses émotions.**

La sérénité, c'est l'acceptation de soi-même et de ce qui est.

Abbé Pierre

4. La méditation pour vivre le moment présent

Pour moi, la méditation consiste à observer ce qui se passe en nous et autour de nous sans porter de jugement. Certains s'assoient en tailleur ; moi, j'aime m'allonger au sol (je le concède, ce n'est pas pratique dans toutes les situations, comme au travail). Installez-vous dans une position confortable. Comme nous le conseille Sophie Vakili, coach, détendez-vous, respirez et contentez-vous d'observer. Faites-vous du bien et calmez les petites voix du sabotage qui vous disent : ***Qu'est-ce que tu fous au sol ! Tu fais quoi, là ? T'es tombé sur la tête ?*** STOP aux jugements !

FRÉQUENCE : 5 minutes par jour, c'est un très bon début ! Mais entraînez-vous régulièrement, c'est important pour la suite de notre programme !

Comment vous sentez-vous après avoir effectué ce temps de méditation ?

....

....

....

....

Bonne nouvelle

La méditation vous donnera une sensation de « renaissance », une meilleure concentration et optimisera vos capacités. Vous préparerez le terrain pour croquer la vie à pleines dents.

3 CHOIX S'OFFRENT À VOUS :

a) je prends une lente inspiration, une longue expiration ▢

b) je ferme les yeux une seconde pour rassembler mes esprits ▢

c) je retiens ma respiration et j'ouvre de grands yeux de poisson en restant figé sur place ▢

Réponses a et b : Vous avez tout pigé.
Réponse c : Prenez le temps de relire le conseil du jour.

Jour 02

J'ai des valeurs

Et en plus, je suis en or !

« Nos valeurs, ce sont nos repères, même si, au fil du temps, elles peuvent évoluer. Nos valeurs, c'est nous, c'est ce qui est important pour nous. Les connaître permet d'avancer, de prendre des décisions en toute connaissance de cause de QUI NOUS SOMMES. Ne laissez jamais personne vous convaincre que vos valeurs n'ont pas d'importance. »

Nos valeurs nous donnent de la valeur.

C'est mon histoire

« La première fois qu'on m'a demandé quelles étaient mes valeurs, j'étais perdue et incapable de les énumérer.
J'ai d'abord pensé à mon **honnêteté**, ma **générosité**, ma **capacité à défendre les autres**… mais je n'étais pas bien sûre de ce que les valeurs représentaient. Aujourd'hui, les choses ont bien changé : je connais mes valeurs, et cela m'a permis de faire un bond extraordinaire dans ma vie. Je suis devenue plus cohérente avec mes choix : mes valeurs m'ont motivée dans ma vie personnelle et professionnelle, elles sont **tellement moi** que je m'engage pour elles. Les connaître, c'est me faire honneur. »

À retenir

Dans tous les domaines de la vie, connaître ses valeurs aide à faire les bons choix et à être responsable.
Exemple : j'ai rencontré un jeune homme qui plaçait l'honnêteté très haut dans son échelle de valeurs. Le jour où on lui a proposé un poste de VRP pour vendre des produits peu fiables, son intuition lui a dit que ça respirait l'arnaque. Il n'a donc pas accepté ce travail. Mais il était déçu, car il restait sans emploi. Pourtant, c'était une bonne décision pour lui. Certains auraient trouvé des raisons pour accepter ce travail, mais au risque qu'il en découle des conséquences catastrophiques : mal dormir, s'en vouloir, regretter, mouliner dans sa tête, mal manger, être stressé…
En conclusion : référez-vous à vos valeurs quand vous avez des choix à faire, c'est ce qui compte pour vous !

Identifiez vos valeurs

➡ Listez 50 mots qui vous représentent, que ce soient des noms, des verbes ou des adjectifs.

1	11	21	31	41 ....
2	12	22	32	42 ....
3	13	23	33	43 ....
4	14	24	34	44 ....
5	15	25	35	45 ....
6	16	26	36	46 ....
7	17	27	37	47 ....
8	18	28	38	48 ....
9	19	29	39	49 ....
10	20	30	40	50 ....

Jour 02

➡ **Complétez votre liste** en entourant les mots ci-dessous qui font écho à qui vous êtes.

Travail	Prise de décision	Rapidité	Rebondir
Éducation	Don	Créativité	Prier
Vérité	Courage	Humour	Jouer
Défi	Rêve	Amitié	Profiter
Vie	Fiabilité	Parent	Prioriser
Confort	Expérience	Justice	Motiver
Spiritualité	Sport	Fidélité	Calmer
Plaisir	Poids	Amis	Lire
Sécurité	Santé	Dépense	Curieux
Famille	Ambition	Performance	Voyager
Enfant	Argent	Intégrité	Découvrir
Self-control	Héroïsme	Saine	S'intéresser
Sensibilité	Empathie	Reconnaissance	Sexe
Soutien	Excellence	Vrai	Justice
Succès	Amour	Parole	Transmission
Argent	Force	Action	Loyauté
Stabilité	Libre	Joie	Humanité
Tradition	Calme	Patience	Galanterie
Tranquillité	Détermination	Devoir	Paix
Indépendance	Confiance	Calculer	Environnement
Lucidité	Prudence	Faire	Maison
Ordre social	Tolérance	Dire	Unique
Paix	Changement	Réussir	Groupe

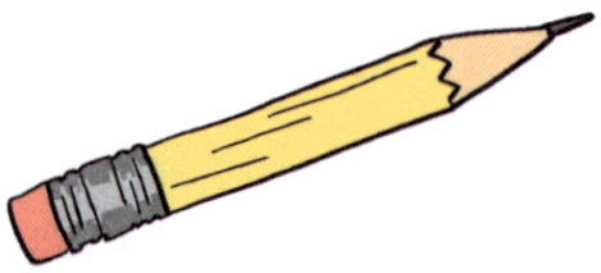

➡ La liste faite, **éliminez** les mots que vous avez écrits par devoir, principe, contrainte et par rapport au regard des autres. Combien en reste-t-il ?

....

....

....

....

....

....

....

....

➡ Prenez des crayons de couleur ou des surligneurs et regroupez les mots qui vous évoquent un point commun.
Exemple pour moi : famille, maison, ambiance, partage, communication, confiance, joie, générosité sont dans le même groupe.

➡ Faites 7 groupes au maximum avec votre liste finale de mots.

1. ....
2. ....
3. ....
4. ....
5. ....
6. ....
7. ....

Jour 02

➡ Donnez un nom aux 7 groupes de mots, puis classez-les par ordre d'importance, sachant que le groupe 1 sera votre valeur première.

Nom du 1er groupe : ....

Nom du 2e groupe : ....

Nom du 3e groupe : ....

Nom du 4e groupe : ....

Nom du 5e groupe : ....

Nom du 6e groupe : ....

Nom du 7e groupe : ....

VOICI DONC, VOS VALEURS PAR ORDRE D'IMPORTANCE DANS VOTRE VIE. EST-CE QUE CELA VOUS REPRÉSENTE BIEN ?

☐ oui ☐ non

Vous pouvez refaire cet exercice une fois par an.

À retenir

Quand je vous disais que vous êtes un diamant d'une grande valeur ! Vous valez de l'or, et tant pis pour ceux qui n'ont pas vu cela en vous.

3 CHOIX S'OFFRENT À VOUS :

a) je prends conscience que mes valeurs, c'est moi ! ■

b) je me réfère à mes valeurs lors d'un choix ■

c) je pense que les autres sont mieux que moi ■

Réponses a et b : Vous avez tout pigé.
Réponse c : Prenez le temps de relire le conseil du jour.

Alerte procrastination !

« Qu'est-ce qui se cache derrière ce mot plutôt dur à prononcer ? La procrastination, c'est le fait de remettre à plus tard ce qu'on pourrait faire tout de suite.
Il y a 2 types de procrastination. Celle qui consiste à **reporter jusqu'au dernier moment,** en se disant qu'on a le temps : *J'ai la déclaration d'impôt à remplir depuis un mois et j'attends la veille pour m'y mettre. Sacrée soirée en vue !* Et celle qui consiste à **tellement reporter qu'on ne fait jamais rien :** *Un jour, j'irai au bout du monde !* Dix ans après, on vit toujours dans le même quartier. On trouve toujours quelque chose d'autre à faire, même si ce n'est pas très passionnant, comme ranger le linge ou faire une pause-café. »

Ce que je ne remets jamais à plus tard :
manger du chocolat...

Comment gérer la procrastination

- Savoir dire **non** à la tentation quand ce n'est pas le moment.
- Structurer, **planifier** : par quoi allez-vous commencer sans vous prendre la tête ?
- **Bloquer** du temps pour faire les choses.
- Choisir le **bon moment** : on ne se lance pas dans sa comptabilité 5 minutes avant d'aller chercher les enfants à l'école.
- **Positiver** la tâche, ne pas en faire une corvée.
- Ne pas chercher la perfection : à vouloir être parfait, on ne fait rien.
- **Déléguer** pour se soulager.
- **Accepter** de s'y mettre 5 petites minutes.

Jour
03

Se poser les bonnes questions

➡ Notez les avantages à ne rien faire :

....

....

➡ Notez les inconvénients à ne rien faire :

....

....

➡ Quels sont les avantages de s'y mettre ?

....

....

➡ Quels sont les inconvénients de s'y mettre ?

....

....

➡ Qu'est-ce qui vous distrait ?

....

....

➡ Vers quelle heure ressentez-vous le plus le découragement ?

....

....

➡ Quel est le meilleur moment selon vous pour faire les choses ?

....

....

➡ Comment rendre la tâche plus fun ?

....

....

....

....

....

....

....

....

....

....

Ma petite lumière scientifique

*C'est la zizanie dans notre cerveau ! Il y a un duel entre le cortex préfrontal et le système limbique. Le **cortex préfrontal,** c'est notre côté responsable, tu dois, il faut que… tandis que le **système limbique** dirige le plaisir immédiat, la récompense, l'amusement, les émotions… Le système limbique prend souvent le dessus : le fun est toujours plus agréable que les obligations et les contraintes.*

C'est mon histoire

« J'aime regarder des séries télévisées, c'est carrément addictif chez moi. Par contre, je ne suis pas du tout accro au repassage. Je procrastine, je ne m'y mets pas, je trouve ça trop long, pénible et surtout inintéressant. Alors j'ai fait un compromis : je repasse en regardant *Colombo*.

Avant, je repoussais, je me disais que je m'y mettrai plus tard. Mais ça ne marche pas ! Je ne suis pas plus efficace si je m'y mets 2 heures après. Les heures défilent à une vitesse hallucinante quand on voudrait, au contraire, qu'elles ralentissent pour avoir plus de temps. Et une invitation surprise peut surgir, et ça ne fera pas le poids avec la tâche repoussée depuis quelque temps… »

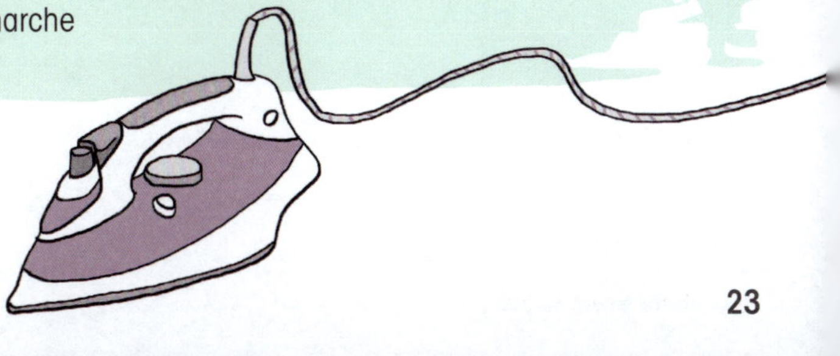

Jour 03

Êtes-vous prêt ? Go !!!

1. Sortir du cycle de procrastination

Je vous suggère de faire un compromis et surtout de changer de vocabulaire. Au lieu de penser « je dois » et « il faut que », envisagez plutôt le « j'ai envie » et le « je peux ».

Exemple : *Il faut que je fasse du sport* devient *J'ai envie de faire du sport. Pour me motiver, je vais préparer une playlist de 10 chansons entraînantes.*

La musique m'a permis de transformer la corvée du départ en moment très agréable, avec en prime un boost d'endorphines dû au travail accompli.

Action !

➡ Établissez la liste des tâches à faire.

Tâches à faire : ....

....

➡ Transformez les actions que vous jugez désagréables en positives.

Actions fun : ....

....

2. Ma TO-DO list

Depuis combien de temps procrastinez-vous dans un domaine de votre vie que vous aimeriez voir changer ? Par exemple : *Je veux maigrir/voyager/déménager...* et chaque lundi depuis 10, 20 ou 30 ans, voire plus, vous reportez. Ces années font partie du **passé** ! Vous ne pouvez plus revenir en arrière ! Qu'attendez-vous d'avoir ? Peut-être vos 80 ou 100 ans pour vous y mettre ! Notre passage sur terre est plutôt bref, alors **go, go, go !**

Imaginez votre to-do list à accomplir pour vous faire plaisir :

....

....

....

....

Petit à petit, l'oiseau fait son nid.

3. Pas à pas

➡ Accordez 5 minutes à ce que vous devez faire, juste 5 petites minutes. Les 5 minutes, jour après jour, vont se transformer petit à petit en beaucoup plus.

➡ Fractionnez les tâches pour faciliter le travail. *Si je plie les culottes et les chaussettes en triant mon linge avant de le repasser ? J'aurai moins de linge à repasser.*

C'est mon histoire

« J'ai une licence d'entrepreneur de spectacle et j'ai longtemps tenu la comptabilité de la structure dans laquelle je travaillais à mon compte. Quelle corvée pour moi qui suis plutôt créative ! Je n'avais aucun problème avec tout le côté artistique, mais quand il fallait sortir les factures, les commandes, les tickets de remboursement… c'était l'enfer.
J'y avais tellement associé du négatif que mon cerveau, mon cœur et ma tête n'avaient pas envie de subir cette torture. Jusqu'au jour où il a fallu rendre un bilan annuel clôturé pour postuler à des appels à projet sous 15 jours. J'avais des tonnes de boulot à rattraper !
J'ai trouvé de l'aide dans l'urgence, mais j'ai vécu un stress important qui m'a empêchée d'être dans les temps pour postuler à un autre projet. **J'ai décidé de ne plus me laisser déborder.** J'ai mis en place un **troc** : je bosse 5 minutes par jour, ambiance à fond sur ma comptabilité, pour m'éviter 15 jours d'enfer, emprisonnée et stressée par les chiffres.
C'est une **discipline à mettre en place**, mais ce changement en vaut la chandelle. Tout s'apprend ! »

3 CHOIX S'OFFRENT À VOUS :

a) je fais la liste des tâches indésirables

b) je choisis celle qui me semble la plus facile et je la fais

c) je reporte encore et râle un coup sur ma flemme : à quoi bon ?

Réponses a et b : Vous avez tout pigé.
Réponse c : Prenez le temps de relire le conseil du jour.

Jour 04

Je sors du mode automatique

« Je suis formatée pour fonctionner toujours de la même façon. Je vis en mode automatique. **Ma façon de vivre est gravée** dans mes gestes, mes habitudes, mes comportements. Je me lave toujours de la même façon, je prends toujours le même petit déjeuner avec le même bol, je mets toujours mes chaussures rouges avec mon jean moulant, je file prendre un café au distributeur avec les mêmes collègues dès que j'arrive au travail, je vide mes poches le soir en rentrant et pose mes clés dans l'entrée, j'allume la télévision, je mange, je me démaquille en commençant toujours par les yeux, je me couche toujours sur le côté gauche, les pieds surélevés avec un coussin... »

Pourquoi sortir de la routine ?

Vous vous reconnaissez ? C'est rassurant de savoir qu'on fonctionne tous de la même façon, mais il est peut-être temps de changer, qu'en pensez-vous ?
Il est temps de changer vos lunettes pas adaptées à votre vue et vos chaussons confortables, mais troués : c'est le moment de **se bousculer** pour ouvrir un champ des possibles.
Personne ne sait de quoi demain sera fait, mais ce qui est certain, c'est qu'en ne changeant rien dans notre quotidien, nous ne résoudrons pas nos problèmes.

C'est mon histoire

« Lorsque j'ai décidé de maigrir, j'ai compris qu'**il fallait changer mes habitudes** ancrées, **incrustées** au plus profond de moi, comme grignoter au fond du canapé devant la télévision, ce qui était synonyme de naufrage alimentaire. Même si je me disais qu'il ne fallait pas le faire, je n'arrivais pas à résister. J'étais programmée pour manger sans limite et grossir sans fin ni faim. La plus grande décision que j'ai prise concernant mon poids fut de faire carrément autre chose de 16 à 17 h, le créneau fatidique pendant lequel je grignotais.
J'ai décidé d'instaurer une attitude, un comportement, une activité différente chaque jour pendant un mois. J'ai chanté, dansé, je suis sortie, je me suis douchée, j'ai lu, écouté de la musique, je me suis mise au crochet, au canevas, à tricoter, enfiler des perles, faire du ménage, les carreaux, prendre soin de ma peau, cuisiner…
À l'époque, on m'aurait pris pour une fille instable : jamais calmée, jamais en pause. Mais je devais absolument faire autre chose de 16 à 17 h. C'était nouveau et inconfortable : qui se met au canevas plutôt que de se faire une belle tranche de pain beurre-fromage ? C'était beaucoup de travail sur moi, mais ça m'a libérée de mes grignotages et m'a permis de maigrir de 35 kg. »

Et vous ?

Vous vous sentez malheureux, triste, abandonné, stressé, en colère, épuisé, déçu par les autres, la vie, le travail, votre famille… Votre vie ne vous plaît pas, vous en avez marre de tout : et si c'était à vous de changer ? On ne change pas les autres, on se change soi.

À partir d'aujourd'hui, je dis NON à mon train-train quotidien.

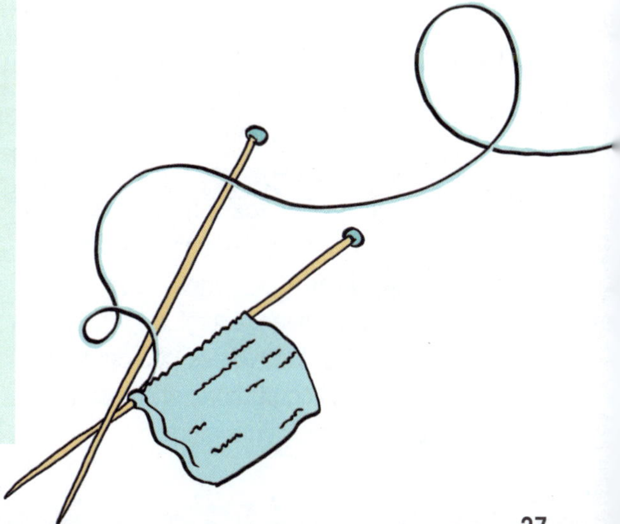

Ma petite lumière scientifique

Chaque habitude que vous avez installée depuis des lustres a laissé des traces dans votre cerveau, comme une route bien tracée. Mais la bonne nouvelle, c'est que vous pouvez construire d'autres chemins. Nous savons, grâce aux recherches scientifiques, que nous pouvons créer de nouvelles connexions neuronales, donc de nouvelles routes.

➡ *Vous pensez à un changement = vous créez un chemin.*

➡ *Vous mettez en place le changement = vous créez une route.*

➡ *Vous répétez le changement = vous créez une autoroute.*

Il est vrai que chaque changement demande un effort au cerveau, cela le fatigue, c'est sûrement pour cela que nous aimons tant notre train-train quotidien.

Un cerveau, ça s'entraîne !
Apportez-lui de nouvelles actions, de nouveaux savoirs.

Êtes-vous prêt ? Go !!!

1. Changer un peu, beaucoup, passionnément ?

➡ Pour réussir un changement, il est important qu'il soit **facile (et répété),** car plus il est **radical,** moins vous parviendrez à le maintenir sur la durée. Imaginez que vous décidiez de descendre une station de bus avant d'arriver à la maison pour faire un peu d'exercice : il ne vous viendrait pas à l'idée de faire des pas de géant ! Vous risqueriez d'être courbaturé, et ce serait dur de rester motivé sur plusieurs jours.

➡ Faites des choix **audacieux,** mais faciles, accessibles et amusants, et surtout de **petites actions** pour changer durablement. Vous pouvez descendre du bus une station avant, mais vous marcherez tranquillement, à votre rythme. Vous aurez ainsi plus de chance d'intégrer cette nouvelle habitude et d'en ressentir les bénéfices santé au quotidien.

2. Changer de disque !

➡ Listez les tâches automatisées que vous effectuez :

- **le matin** (le lever, l'habillement, la toilette...)

- **au fil de la journée** (le repas, mettre la table, laver la vaisselle)

- **dans la semaine** (les courses, le travail, les transports)

➡ Dès que vous le pouvez, apportez un petit changement pour surprendre le corps, le cerveau et l'esprit.
Exemples : je change la façon de me lever le matin, de me laver, de mettre la table, d'aller au travail, de me tenir à mon bureau...

Qu'avez-vous trouvé à transformer ?

Comment avez-vous transformé la situation ?

Qu'avez-vous ressenti ?

3 CHOIX S'OFFRENT À VOUS :

a) dès demain, je change une petite chose à ma routine

b) je répète les changements pour réussir

c) je ne peux pas, je n'en ai pas la force

Réponses a et b : Vous avez tout pigé.
Réponse c : Prenez le temps de relire le conseil du jour.

Jour 05

Je bouge mon corps

Il est toujours temps...

« Est-ce que vous vous sentez mou, pas en forme, avec des douleurs partout, un manque d'entrain pour faire quoi que ce soit ? Est-ce que vous êtes souvent fatigué, comme si vous vous étiez endormi en voiture en rentrant d'une soirée et qu'il fallait se réveiller d'urgence pour faire un marathon ou ouvrir le portail du garage ?

Si c'est tout vous, alors on se comprend.

On se pose mille questions sur les raisons pour lesquelles on est dans cet état-là. On suppose que ce sont nos divers problèmes personnels qui impactent notre forme, mais on ne se penche jamais sur ce qui est évident : **on ne bouge pas assez.** Il est temps de changer ! En douceur, je vous l'accorde, mais remettre la machine en route est primordial. Vous en êtes capable, je n'en ai aucun doute. En bougeant, vous cassez la routine de la paresse et vous reprenez le contrôle de votre vie. Cela vous valorise, vous redonne confiance en vous et vous vous sentez reboosté. Pour autant, il n'est pas question de préparer les Jeux olympiques, ni une compétition d'arts martiaux, mais une réconciliation progressive avec votre corps pour lui redonner dynamisme et vitalité. »

Ma petite lumière scientifique

À la première minute où vous bougez votre corps, vous vous sentez déjà mieux. Vous fabriquez une chimie positive (endorphines), et votre corps en redemande. Faire du sport régulièrement aide aussi à l'élimination de certains métaux lourds toxiques pour l'organisme que nous ingérons par l'alimentation.

C'est mon histoire

« Après plusieurs années de déceptions dans la pratique sportive (je me suis blessée/j'avais honte/ça ne portait pas ses fruits/je souffrais…), je n'arrivais pas à comprendre qu'on puisse aimer courir, taper dans une balle, s'acharner à la salle de sport pour éventuellement muscler telle ou telle partie de son corps.
Sachant que la satisfaction après l'effort était les courbatures ! C'est curieux ce concept, non ?
J'ai bien changé le jour où j'ai compris que le but du sport n'était pas forcément de ressembler à Miss Univers, mais qu'il était la clé pour se sentir en forme et plein d'énergie. Du coup, la motivation est tout autre et la pratique du sport devient plus facile. Le sport m'a permis de me vider la tête à un moment de ma vie où la peine et la tristesse l'avaient envahie. Je n'en attends aucun résultat esthétique, mais un bien-être physique et psychologique.
Rappelez-vous : l'objectif est de casser les habitudes mises en place et qui empêchent de changer pour aller mieux, bien mieux ! »

Comment procéder ?

Qu'est-ce que je vais faire pour bouger ?

....

....

....

Je planifie mon activité physique.

Quel(s) jour(s) de la semaine ? ....

À quel moment de la journée ? ■ matin ■ après-midi ■ soir

Combien de temps ? ....

....

Êtes-vous prêt ? Go !!!

1. En musique

Proposé par Mylène Rejment, coach*.
Créez votre playlist idéale d'au moins 3 à 10 chansons. Ces chansons doivent vraiment vous donner envie de bouger votre corps, vous donner le *smile*.
Le top 3 : à utiliser en cas de petite fatigue pour vous redonner de l'énergie, faire une pause au cours de la journée, où que vous soyez.
La playlist complète : 10 chansons (ou plus), pour faire votre séance de sport ou aller marcher.

* *Vous trouverez à la fin de l'ouvrage toutes mes recommandations de coachs.*

Mes conseils sport

Variez les activités sportives pour mobiliser des muscles différents.
Si vous faites déjà du sport, commencez par le renforcement musculaire et enchaînez après par du cardio. Exemple : 10 minutes de vélo, puis rameur, puis elliptique, puis renforcement musculaire.

2. Bien démarrer la journée

On pense souvent qu'il faut absolument boire un café ou deux pour bien démarrer sa journée… Moi, ce que je vous propose, ce sont d'autres rituels : simples et efficaces, ils permettent de faire monter l'énergie et de démarrer votre journée de manière dynamique et enthousiaste. Pour cela, l'objectif premier est de faire circuler « tout ce qui a stagné » durant la nuit afin d'avoir une énergie nouvelle ! Cela prendra à peine une minute de votre temps avant le petit déjeuner :

➡ **1re action :** buvez un grand verre d'eau, c'est comme faire le plein d'essence d'une voiture ! Le corps est composé à 55-65 % d'eau et, durant la nuit, il a utilisé une grande quantité d'eau pour éliminer les déchets emmagasinés la veille.

➡ **2nde action :** faites des petits sauts sur place, légers, légers,… les deux pieds ensemble ou l'un après l'autre, durant 1 minute*. Vous activez la circulation sanguine et distribuez l'oxygène dans votre corps. Vous lui envoyez le message qu'il est l'heure de se réveiller et de commencer la journée d'un pied dynamique ! Évitez de sauter sur les talons, vous risquez de vous faire mal aux lombaires (le bas du dos). À refaire aussi dans la journée quand vous sentirez une baisse d'énergie.

*Jean-Pierre Padou

3 CHOIX S'OFFRENT À VOUS :

a) je mets mon corps en mode énergie avec des petits sauts

b) je prends du plaisir à bouger

c) j'enfile mon survêtement avant d'aller me (re)coucher

Réponses a et b : Vous avez tout pigé.
Réponse c : Prenez le temps de relire le conseil du jour.

Jour
06

J'améliore mon image

Miroir, mon beau miroir…

« Le cheveu gras, mal rasé ou mal démaquillée et dans un survêtement trop large : c'est non ! Il y a mieux pour commencer la journée !

Que vous restiez à la maison ou pas, tenue correcte exigée, les amis. C'est sûr, on ne vit pas que pour son image, mais avoir une apparence négligée ne vous rendra pas très heureux.

Votre objectif : avoir **un regard bienveillant sur soi-même**, et ça passe par prendre soin de son apparence. C'est comme si vous rêviez d'une voiture qui brille, mais sans jamais la nettoyer ! **Soyez cohérent !**

➡ *Je veux des cheveux volumineux et doux sans jamais en prendre soin : c'est impossible.*

➡ *Je veux une taille de guêpe, mais je carbure au sandwich grec : il va falloir y mettre un peu du vôtre.* »

Miroir, mon beau miroir…

À chaque fois qu'on se regarde dans le miroir, on a tendance à ne pointer du doigt que nos **défauts** : un bouton sur le nez, des cernes sous les yeux, des cheveux plats, des fesses trop rebondies, des cuisses trop maigres ou un ventre trop rond. Mais nous avons aussi des yeux magnifiques, un sourire radieux, une belle peau, des cheveux sains.
C'est tellement plus facile de se critiquer, de se dévaloriser, de se comparer aux autres.
Vous savez, je suis déjà allée dans des loges de maquillage à la télévision, et tous les animateurs du petit écran sont pareils sans maquillage : pas de quoi nous faire rêver.
Alors arrêtez de vous juger trop durement* !

* Malou Moulis, coach.

C'est mon histoire

« J'ai longtemps eu une mauvaise image de moi : je ne me trouvais "jamais assez" (mince, belle, musclée, grande…).
Avant que je maigrisse de 35 kg, ma tenue favorite était le survêtement et le long pull.
À cette époque, j'étais toute jeune, mais j'avais une image de moi complètement dévalorisée. Je me voyais juste comme la grosse dans le canapé en mode survêt'.
Comment pouvais-je avoir une image positive de moi ?
Bien des années plus tard, et après avoir maigri, j'ai assisté à un mini-atelier qui consistait à dire à un inconnu du groupe ce que l'on pensait de lui ou d'elle. Dire à l'autre ce que je pensais ne me posait pas de problème, mais entendre de l'autre ce que je savais déjà ne m'emballait pas vraiment ! Bonne surprise, j'ai entendu une avalanche de compliments sur mon physique qui m'ont scotchée. J'ai donc compris que le regard que je porte sur moi n'est pas celui qu'ont les autres sur moi !
Ça m'a décoincée. Je ne pense pas être parfaite, mais je m'améliore de jour en jour et **je m'accepte comme je suis.** »

Comment faire pour s'accepter ?

Il est temps de vous réconcilier avec votre image, c'est un beau cadeau que vous vous ferez, et les autres en profiteront aussi. Regardez-vous dans le miroir, n'ayez pas peur. Et faites un bilan positif très honnête de la situation.

➡ Quelles sont les 3 choses que vous aimez chez vous (attention, j'ai dit POSITIF) ?

1. ....

2. ....

3. ....

➡ Parmi ce qui ne vous plaît pas, que pouvez-vous améliorer par des actions concrètes (attention, regardez-vous, ne vous jugez pas, ne vous comparez pas) ?

....

....

1. Quelles actions mener pour améliorer la situation ?

- Je mets de la crème sur mon corps : je prends conscience de chaque partie de mon corps.
- Je demande de l'aide à une relookeuse qui me donnera les clés pour adapter mes vêtements à ma morphologie.
- Je demande de l'aide à une esthéticienne qui pourra me guider à mettre en avant mes atouts.
- Je fais appel à un coach en développement personnel.
- Autres : ....

Si vous ne pouvez pas faire appel à des professionnels, demandez à votre entourage : on a tous un copain ou une copine qui excelle dans ce type de conseils !

Et vous ?

Il ne tient qu'à vous de changer, pas la Fée Clochette. Ne rien faire ne vous donnera jamais une bonne image de vous. Ne cherchez pas à faire comme les autres, trouvez ce qui vous correspond le mieux. Perso, le beige ne me va pas du tout.

2. S'aimer au quotidien

Chaque matin en vous levant, regardez-vous dans un miroir en pied et repensez aux 3 choses que vous aimez chez vous !
Go, les amis, on se fait enfin du bien, ne soyez pas timide.
C'est gratuit : lancez-vous des fleurs !

3 CHOIX S'OFFRENT À VOUS :

a) j'arrête de me juger

b) je me dis que j'ai beaucoup d'atouts

c) je m'enveloppe dans une couverture et je me roule en position fœtale

Réponses a et b : Vous avez tout pigé.
Réponse c : Prenez le temps de relire le conseil du jour.

Je me lève du bon pied

Pour avoir une belle journée

« Certains matins, vous avez du mal à vous lever, et pourtant, il est déjà 10 h. Le dos en vrac, un nœud au ventre et le sourire figé par l'angoisse, la démotivation ou la colère **dès le réveil !** Comment alors se lever du bon pied ?
Je vous propose de mettre en place des routines. Vous ne devez pas toutes les faire, commencez par une d'entre elles, c'est déjà un bon début. Pour les ancrer dans la durée, prévoyez de les faire 21 jours d'affilée : prenez 21 post-it et notez-y les 21 jours. Vous en décollerez un par jour quand vous aurez fait votre nouvelle routine. Le gros avantage d'une routine, c'est qu'elle vous vide la tête des mauvaises pensées et laisse place à la concentration et à l'énergie positive. On se concentre sur ce que l'on met en place. »

Routine n° 1
Je choisis le bon moment pour me réveiller

Dans l'absolu, il faudrait respecter le lever et le coucher du soleil, mais ce n'est pas facile dans notre monde moderne.
Se réveiller au cours d'un **cycle de sommeil profond** vous plombera pour la journée. En revanche, se réveiller pendant un **cycle léger** vous mettra en pleine forme et de bonne humeur. Il existe des applications pour téléphone portable qui donnent le bon créneau pour se réveiller : à vous de les tester (ex. : Sleep Better).
Pour moi, l'idéal, c'est un réveil **qui ne m'agresse pas** dès le matin. Programmez votre réveil en

mode musique douce ou dynamique, en fonction de votre personnalité (évitez le bip-bip qui tue !). Installez le réveil le plus loin possible de votre lit pour vous obliger à vous lever pour l'éteindre. Finissez-en avec les « encore 5 minutes ». Non, on se lève, les amis ! Sinon, après, ça s'enchaîne : on est speed, en retard, et on court toute la journée.

Vous commencez quand ? Lundi prochain ? Non ! **Demain matin !**

Routine n° 2
J'adopte une posture de héros

Si, dès le matin, je me mets en position chien battu, j'ai peu de chance de relever le menton. J'adopte au contraire la posture du **héros** * : je me tiens droit, les yeux ouverts, les mains sur la taille, les épaules vers l'arrière et le sourire aux lèvres.

* Astuce d'Olga Ciesco.

Avez-vous un **cri de guerre** ou plutôt un cri de VIE ? C'est le moment d'en trouver un !

....

Le mien, c'est YESSS ! Pour lundi, mardi, mercredi...

C'est mon histoire

« Je connais les "je n'ai pas envie", "j'ai la flemme", les réveils douloureux comme si on était une centenaire, le manque de dynamisme, d'envie de sortir, de s'habiller, de parler... Je pense qu'on vit tous ces moments-là et je dirais même que ce n'est pas si grave tant que cela ne dure pas.
Le moment le plus douloureux de ma vie a été le jour où j'ai appris que mon père n'était pas mon père biologique. J'avais 35 ans. Faire semblant que cela ne vous touche pas, alors qu'au fond de vous, une tour de 50 étages vient de s'écrouler n'est pas si facile. Après une nouvelle pareille, ma seule envie était de me greffer au matelas de mon lit et de ne plus en bouger en pleurant à chaudes larmes. C'est ce que j'ai fait chaque matin pendant 3 mois, une fois que mon mari, et mes enfants étaient partis pour le travail et l'école. J'avais de la peine, la haine, des angoisses, de la colère, j'étais MAL. Niveau émotions, c'était les montagnes russes.
J'ai petit à petit repris les choses en main. Je me suis levée plus tôt, j'allais courir, j'ai retrouvé le chemin de l'équilibre alimentaire, j'ai arrêté les chips, j'ai ouvert la fenêtre pour mieux respirer, j'ai écouté de la musique dynamisante. Et puis j'ai pardonné, car cela n'avait rien à voir avec moi, c'était l'histoire de mes parents, pas la mienne. Ce moment marquant de ma vie m'a rendue plus forte, plus à l'écoute, plus empathique.
Cette expérience me sert dans mon quotidien, car j'ai conscience que tout peut basculer en une fraction de seconde. Il est important et primordial **de profiter de chaque seconde qui nous est donnée pour vivre heureux. »**

Jour 07

Routine n° 3 : Je fais le plein d'énergie au petit déj'

Notre alimentation, dès le matin, a un impact direct sur notre énergie. Si je mange en trop grande quantité, trop sucré, trop gras, trop de produits industriels, la conséquence directe sera une sensation de fatigue, de mollesse et de la démotivation. Les bons carburants sont les produits frais et les fibres. Le petit déj' idéal ? Un bol de céréales et des fruits.

Que mangez-vous actuellement au petit déj' ?

....

Que pourriez-vous manger à la place pour plus d'énergie ?

....

Routine n° 4 Je m'hydrate dès le saut du lit

Certains carburent au café, au soda, au jus ou à l'alcool. Et l'eau alors ? Filez à la fontaine ! Boire 1,5 litre par jour redonne de l'énergie. Vous êtes une belle plante, alors arrosez-la !

Équivalences pour arriver à 1,5 litre :

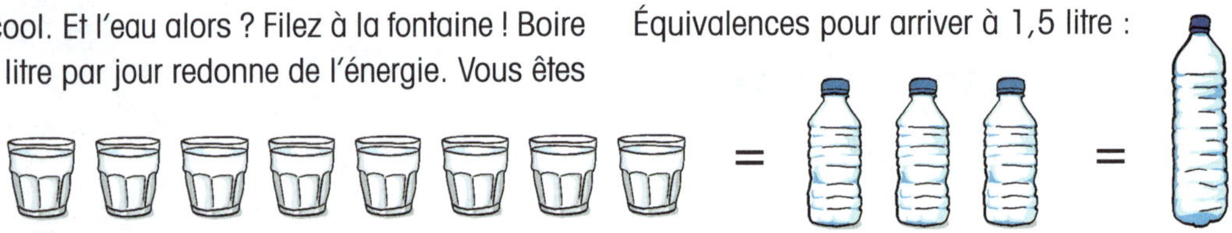

Routine n° 5 Je cherche la JOIE

La joie est l'émotion la plus puissante pour se retrouver en énergie ++. Et si vous faisiez une petite danse de la joie chaque matin ? Choisissez une musique dynamique, et c'est parti pour 3 minutes d'émotion jouissive. Cela influencera le déroulement de votre journée, puis de votre vie. Parole de joyeuse !

Routine n° 6 Je me pose les bonnes questions

Votre état du matin détermine votre journée ! *Qu'est-ce que je peux faire aujourd'hui pour être en forme ? Qu'est-ce que je peux faire aujourd'hui pour sourire ? Qu'est-ce que je peux faire aujourd'hui pour me sentir bien ? Qu'est-ce que je peux faire aujourd'hui pour positiver ? Qu'est-ce que je peux faire aujourd'hui pour vivre pleinement chaque instant ?*
Votre cerveau, grâce à ce système de questions, va scanner votre environnement pour trouver la solution et vous apporter le meilleur.

C'est votre histoire

Petite question à vous qui lisez en ce moment ce chapitre :

Comment allez-vous ? ....

Si vous ne vous sentez pas trop en forme, voire mal, parlez-en à votre médecin, un(e) ami(e), une personne de votre famille... mais promettez-moi de ne pas rester seul à gérer ce moment. Vous pouvez aussi me contacter sur les réseaux sociaux, confidentialité assurée à 100 %, c'est moi qui réponds !

Quelle est la(les) raison(s) de ce manque d'énergie ?

....

Quelle est la première routine que vous pouvez mettre en place ?

....

Routine n° 7
On se réveille sous l'eau !

On n'oublie pas la bonne douche chaque matin, en terminant par un jet d'eau plus frais… mais pas trop, pour éviter l'électrochoc chaud/froid. On se traite avec douceur.

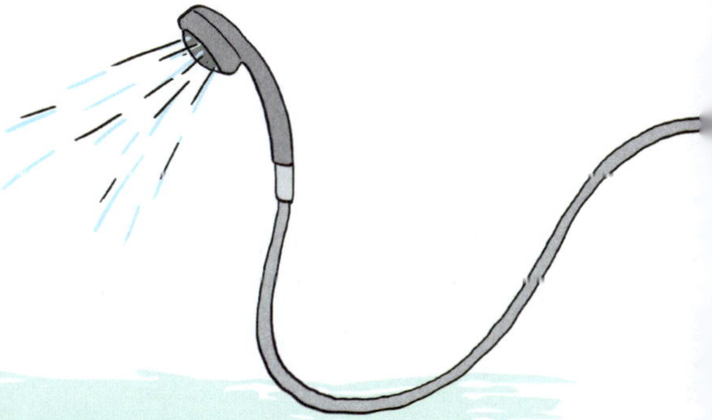

3 CHOIX S'OFFRENT À VOUS :

a) je mets en place une routine parmi la liste proposée

b) je passe à l'action sur tous les fronts pour gagner en énergie

c) je me dis que, tout ça, c'est bien, MAIS je ne fais rien

Réponses a et b : Vous avez tout pigé.
Réponse c : Prenez le temps de relire le conseil du jour.

Mon bilan de la semaine n°1

« BRAVO pour avoir validé ces étapes très importantes pour la suite de notre challenge du changement. **Prenez votre temps,** ne brûlez pas les étapes ; pour qu'un changement soit efficace, la répétition est primordiale. Comme le dit Martin Latulippe, il est plus bénéfique de faire 1 seul changement et de le répéter 100, 1 000, 10 000 fois plutôt que de faire 100, 1 000, 10 000 changements, mais 1 seule et unique fois.

Cette semaine a permis de remuer et de déverrouiller un début de petites choses en vous ! N'oubliez pas : rien n'est facile, tout est nouveau, mais c'est **un cadeau** de découvrir ces nouveautés… »

Bilan global :

Qu'est-ce que j'ai appris durant ces 7 premiers jours ?

....

....

Quels ont été les objectifs que j'ai mis en place ?

....

....

....

Quelles difficultés ai-je rencontré ?

....

....

....

Quelles solutions ai-je trouvé pour réussir les exercices ?

....

....

Quels bénéfices ai-je obtenu ?

....

....

Comment est-ce que je me sens ?

....

....

Pourquoi est-ce important pour moi de persévérer ?

....

....

Jour 1. JE RES-PI-RE !

1. Comment est-ce que je me sens après les exercices de respiration et de méditation (sur une échelle de 1 à 10) ?

0 5 10

2. J'ai pratiqué :
- **la respiration de cohérence cardiaque pendant .... minutes**
- **la marche audible pendant .... minutes**
- **la méditation pendant .... minutes**

Je continue de pratiquer :
- **la respiration de cohérence cardiaque pendant .... minutes .... fois par semaine**
- **la marche audible pendant .... minutes .... fois par semaine**
- **la méditation pendant .... minutes .... fois par semaine**

Et si je bloque... Qu'est-ce qui m'empêche d'agir ?

....

Jour 2. J'AI DES VALEURS

1. À quelle(s) valeur(s) ai-je fait référence lorsque je devais faire un choix ? m'exprimer ? agir ?

....

....

....

2. Combien de fois ai-je fait référence à mes valeurs ?

....

3. Comment me suis-je senti (sur une échelle de 1 à 10, sachant qu'à 10, je me suis senti très cohérent, en accord total) ?

0 5 10

4. En fonction du résultat, comment puis-je agir la prochaine fois pour progresser et me sentir encore plus cohérent ?

....

....

....

Jour 3. ALERTE PROCRASTINATION !

1. Ai-je compris pourquoi je procrastinais ? oui non

2. Sur quelle situation ai-je pris le dessus ? ....

....

3. Comment ai-je rendu cela fun ? ....

4. Ai-je consacré mes 5 minutes par jour dans un domaine où je souhaitais avancer ?

....

5. Qu'ai-je ressenti après le temps écoulé ?

....

Jour 4. JE SORS DU MODE AUTOMATIQUE

1. Est-ce que je me sens « on » ou « off » ?

2. Qu'avez-vous changé depuis qu'on se connaît ?

3. Par quoi avez-vous commencé ?

4. Avez-vous des doutes sur vos capacités à changer ?

5. Êtes-vous fier de ce que vous avez mis en place ?

➡ ***Si vous bloquez, c'est que votre cerveau fait de la résistance, mais rassurez-vous, vous aurez le dernier mot !***

Jour 6. J'AMÉLIORE MON IMAGE

1. Pourquoi avoir une bonne image de soi est important ?

2. Avez-vous fait votre bilan positif devant le miroir ? ☐ oui ☐ non

3. Quels sont vos atouts physiques ?

4. Comment pouvez-vous les valoriser ?

5. Comment pourriez-vous vous engager à ne plus vous juger ?

6. Combien de jours avez-vous réussi à vivre sans vous comparer ?

7. Dites-moi quel est votre petit « + » ?

➡ ***Interrogez votre entourage, il y a des personnes qui vous trouvent magnifique !***

Jour 5. JE BOUGE MON CORPS

1. Avez-vous fait l'exercice des petits sauts sur place ? ☐ oui ☐ non

2. Combien de fois par jour, par semaine ?

3. Pouvez-vous faire plus ?

➡ *Allez-y, faites-le maintenant !*

Jour 7. JE ME LÈVE DU BON PIED

1. Avez-vous mis en place une nouvelle routine du matin ? ☐ oui ☐ non

2. Si vous avez répondu oui, qu'avez-vous ressenti ?

....

3. Que vous reste-t-il à mettre en place ?

....

4. Qu'attendez-vous ?

....

5. Est-ce que vous n'êtes pas convaincu ?

....

Hey !

Rappelez-vous, vous êtes **unique**,
il n'y a pas de copie, donc vous êtes l'original.

VOUS ÊTES FORMIDABLE, N'EN DOUTEZ PAS !

Est-ce que vous auriez cru que vous arriveriez au jour 7 ?
Vous avez déjà bien avancé et vous êtes
arrivé au bout d'une petite semaine
à changer de nombreuses choses.
Je suis consciente que ce que je vous demande
peut sembler difficile… alors que **NON,** c'est seulement
NOUVEAU ! Changer demande toujours de se bousculer.
Je suis certaine que vous avez en vous les ressources
pour réussir. Ne vous laissez pas abattre
et faites tomber les barrières qui vous empêchent
d'évoluer, de grandir et d'être vous-même.
Allez, les amis, on continue !

TOUJOURS PRÊT ? GO !!!

Jour 08

Je dis NON

Et je deviens plus exigeant

« Avez-vous déjà eu le sentiment d'être la dernière roue du carrosse ? De ne pas savoir dire non, de repartir d'une boutique avec une paire de chaussures que vous n'aimez pas vraiment ? De paraître inintéressant, transparent aux yeux des autres ? De vous faire doubler dans la file d'attente ? Ce sentiment de frustration est épuisant. Ce n'est pas une situation très agréable à vivre, mais ce n'est pas une fatalité. Petite information au passage : il est tout à fait possible de changer puisque rien n'est gravé dans le marbre.

Apprenez à dire NON, un non ferme et définitif.

Pas un NON qui fait OUI de la tête et NON de la bouche.

Un NON qui déteint sur votre gestuelle…

Vous en rêviez ? Il est l'heure de devenir exigeant*. »

* Attention, s'affirmer trop, être trop exigeant vis-à-vis des autres s'avère parfois inefficace. Traitez les autres avec respect et bienveillance.

COMMENT S'AFFIRMER ?

Avant de vous entraîner, il faut que vous preniez conscience des raisons qui vous empêchent de vous affirmer.

1. De quoi avez-vous peur ?

➡ Vous avez peur de dire non ? **Vous vous faites du mal et vous avez le droit de refuser.**

➡ Vous avez peur de demander quelque chose ? **Si vous ne le faites pas, qui va le faire pour vous ?**

➡ Vous avez peur de répondre à une critique ? **Petite astuce : quoi qu'on vous dise, retournez la critique en disant que c'est tellement drôle, que vous pensiez justement ça de lui ou elle !**

➡ Vous avez peur de dire à l'autre que vous l'aimez ? **C'est bien dommage, c'est tellement bon de l'entendre !**

C'est mon histoire

« Ce qui m'a le plus plombée dans la vie, c'est que, quoi qu'il arrive, je me sentais obligée de faire plaisir aux autres, en m'oubliant moi-même. Même si la situation ne me convenait pas, je disais oui, je trouvais le moyen de satisfaire l'autre. On m'offrait quelque chose, je le prenais en remerciant la personne avec enthousiasme, même si c'était horrible et que je n'aimais pas du tout. Pour faire plaisir, j'étais capable de me lever aux aurores pour aller chercher une amie, alors que je m'étais couchée tard et que j'aurais préféré dormir. J'étais toujours partante pour arranger l'autre et me compliquer la vie.
Et moi dans tout ça ? Un jour, j'ai décidé que cela suffisait. **Dire NON aux autres, c'est se dire OUI à soi !** Ma première réussite assumée fut lors d'une visite dans une salle de sport.
Sur place, accueillie comme une reine, les deux vendeurs pro en marketing ont tout essayé pour m'encourager à m'abonner. J'ai écouté leur discours bien huilé, puis je me suis levée, j'ai remercié avec le sourire ces deux apollons pour leur formidable accueil, en ajoutant que je n'étais pas décidée. Vous ne pouvez pas imaginer la fierté, la joie, la libération que j'ai pu ressentir ce jour-là. »

À VOUS !

Dans quelles situations ai-je du mal à dire NON ?

....

....

À qui ?

....

Pour quelle(s) raison(s) ?

....

Qu'est-ce que je ressens dans ces situations ?

....

Non

Non

Non

2. Je m'auto-persuade

Regardez-vous dans le miroir en disant à haute voix un vrai OUI, accompagné d'une gestuelle qui dit OUI, puis dites un grand NON avec un geste de la tête déterminé.

3. Je m'exerce à m'affirmer !

Choisissez des personnes avec lesquelles vous vous sentez très à l'aise. Aujourd'hui, vous allez écouter leurs demandes. Mais avant de leur répondre, respirez un bon coup en regardant chacune d'entre elles dans les yeux et dites-leur : *Je vous le confirme plus tard, je dois réfléchir.*

➡ Quelles étaient leurs demandes ?

....

....

➡ Lisez-les à voix haute et répondez-leur en commençant par :

Je décide de dire, faire, penser ....

car ma réponse est en accord avec ce que je veux, ce que je suis et qui j'ai envie de devenir.

En répondant ainsi, comment je me sens ?

....

....

En pratique

Vous allez passer une commande par téléphone de vêtements, maquillage, nourriture... Peu importe : choisissez quelque chose que vous n'aimez pas. Le but est de dire non au dernier moment. Lorsqu'on vous demandera votre numéro de carte bleue, dites que vous avez changé d'avis et que vous allez réfléchir.

Qui allez-vous appeler ? ……………………………………………………………………

Qu'allez-vous commander ? ……………………………………………………………………

Comment vous êtes-vous senti après avoir refusé de finaliser

votre commande ? ……………………………………………………………………

……………………………………………………………………………………………

Si vous avez payé malgré vous, renvoyez le colis sans l'ouvrir : il y a toujours une nouvelle façon de rebondir pour s'affirmer.

4. Je prends un modèle

➡ Notez le nom de la personne la plus affirmée dans votre entourage :

……………………………………………………………………………………………

➡ Comment fait-elle d'après vous ?

……………………………………………………………………………………………

➡ Que dirait-elle dans une situation qui vous est difficile ?

……………………………………………………………………………………………

➡ Notez une situation où vous avez réussi à vous affirmer :

……………………………………………………………………………………………

3 CHOIX S'OFFRENT À VOUS :

a) je m'engage à me traiter en VIP

b) je suis capable de dire non aux autres

c) je déménage dans ma cave et j'oublie mes rêves

Réponses a et b : Vous avez tout pigé.
Réponse c : Prenez le temps de relire le conseil du jour.

Je dors comme un bébé

« Dormir est un **besoin vital** pour se sentir en forme, plein d'énergie, retrouver le calme et avoir les pensées claires. C'est évident, mais on a tendance à l'oublier ! Un mauvais sommeil engendre des **problèmes de santé** comme le surpoids et l'obésité, de l'hypertension, du diabète, une hausse des triglycérides… Il faut avoir 20 ans pour se lever à 7 h 30 après avoir fait la fête toute la nuit et s'être couché à 6 h du mat'. Moi, dans une situation comme ça, je suis au bout de ma vie toute la journée. Je ne pense plus, je ne parle plus, je m'endors debout et je jure que c'est la dernière fois que je rentre si tard ! Pour arranger le tout, quand je suis fatiguée, je compense en mangeant trop et je me vautre dans le grignotage.
Même sans sortir tous les soirs, on peut avoir un mal fou à s'endormir, voire à dormir : on tourne en rond dans son lit et dans sa tête. Ah oui, ressasser ses problèmes, ça, c'est facile ! Impossible de trouver le sommeil, et si enfin, vous y arrivez, la simple respiration de votre compagnon ou de votre toutou vous dérange à tel point que vous devez vous boucher les oreilles avec l'oreiller. Bref, votre rêve est de dormir comme un BÉBÉ. »

Avertissement

Dans ce chapitre, je ne traite pas des insomniaques, de ceux qui font de l'apnée du sommeil : ce sont des cas compliqués, et il faut consulter un médecin. Mais je m'adresse ici à vous qui, de temps à autre, aimeriez bien dormir une nuit complète !

Ma check-list pour vous aider

1. Le b.a.-ba pour un meilleur sommeil

- Comptez au minimum 6-7 heures de sommeil pour être bien.
- Osez la petite sieste !
- Évitez tous les excitants à partir de 17 h comme l'alcool, le café, le thé, le tabac…
- Hydratez-vous avant de dormir et gardez un verre d'eau sur votre table de chevet.
- Dormez dans une pièce aérée et évitez la chambre surchauffée (pas plus de 18 °C).
- En soirée, évitez toutes les lumières bleues (télévision, ordinateur, téléphone…) : à partir de 21 h, éteignez votre téléphone portable !
- Ne luttez plus, quand c'est l'heure de dormir, c'est l'heure ! On ne remet pas un autre épisode d'une série télévisée.
- Dormez nu ou avec des vêtements coton pour la ventilation du corps.
- Attention au sport trop tard le soir.

C'est mon histoire

« Vers l'âge de 35 ans, j'avais un sommeil plus que mouvementé. Je me réveillais plusieurs fois chaque nuit et, même si j'arrivais à m'endormir assez vite, le matin, j'étais épuisée comme si j'avais labouré les champs toute la nuit.
À l'époque, cela faisait quelque temps que j'avais maigri (- 35 kg) et j'avais toujours froid. Avant de me coucher, j'étais couverte comme si j'allais gravir l'Everest : chaussettes aux pieds, survêtement, robe de chambre en pilou. Je vérifiais bien que la porte et les fenêtres étaient fermées, et hop, au lit ! En discutant avec mon mari de ma fatigue permanente, il m'a dit, comme si c'était une évidence pour lui, que je ne pouvais pas bien dormir dans une chambre où l'air ne circulait pas. Je n'osais pas ouvrir la fenêtre, car quand j'étais plus jeune, nous avions été cambriolés en pleine nuit, et nos visiteurs étaient passés par la fenêtre pendant que nous dormions. J'ai accepté, non sans angoisse, 10 heures d'aération sous une nuit étoilée : j'ai passé une nuit ex-ce-llen-te.
Dans mon cas, le problème était résolu. »

2. Dans l'assiette

Le soir, évitez les repas trop riches (trop gras et avec trop de protéines animales) et favorisez les légumes. Pour les fans de laitages, ne les confondez pas avec les desserts lactés. Évitez les aliments pimentés : ils augmentent la température du corps.

Ce soir, je me cuisine un repas végétarien :

- Carottes râpées
- Lentilles aux oignons, avec une petite poêlée de champignons
- Portion de quinoa
- Yaourt au soja et son coulis de fruits

3. La respiration gainante

Ce soir, allongé sur votre lit, prenez une grande inspiration par le nez, contractez les abdos et soufflez en gardant le ventre contracté jusqu'à ne plus avoir d'air dans les poumons. Répétez l'exercice 3 fois, puis progressivement, allez jusqu'à faire des séries de 10 dans les semaines qui suivent.

N'oubliez pas !

Programmez le radio-réveil sur une station dynamique pour un lever joyeux et motivant. On se booste le matin, on dormira mieux le soir.

3 CHOIX S'OFFRENT À VOUS :

a) je mets en place les bons réflexes

b) je change mon alimentation

c) je m'inscris au club des sentinelles de nuit

Réponses a et b : Vous avez tout pigé.
Réponse c : Prenez le temps de relire le conseil du jour.

Après une bonne nuit de sommeil, vous lirez la suite ?

J'adopte la positive attitude

Que du bonus !

« Être positif, c'est voir le bon côté des choses, embellir une situation et la voir sous un angle plus sympathique. Quand on est positif, on trouve le moyen d'avoir toujours l'espoir que les événements s'améliorent. On a moins peur en l'avenir, on rit des situations, on accepte les épreuves et on a **confiance.**
Or, au fil des rencontres, j'ai constaté que, pour certains d'entre vous, la vie n'est pas de tout repos. On a plutôt tendance à se lamenter, à broyer du noir, à voir le mauvais côté des choses, à ne rien faire pour améliorer la situation, à être triste, de **subir** sa vie au lieu de la vivre pleinement, à ne pas lutter, à penser que c'est son **karma** (surtout quand c'est négatif !). **Bonjour l'angoisse !** »

Exemple de petite conversation avec une personne négative

Dès le début de la semaine, quand on lui demande comment ça va, sa réponse est « comme un lundi », et le vendredi soir, elle répond « comme un vendredi de fin de semaine » !
Quel est le jour où elle va bien ?
« Qu'est-ce qu'il fait beau aujourd'hui, ça me met en joie ! » La réponse négative à cette affirmation est : « mais ça va pas durer »…

Voilà comment plomber l'ambiance en 2 secondes !
Si vous êtes négatif, vous dégagez des ondes négatives. Quand on se répète en boucle qu'on va mal, que c'est la faute des autres, que rien n'avance, c'est la super spirale pour tomber au fond du trou. Par contre, positiver ce que vous vivez, être dans une énergie agréable, dynamique, cela vous fait avancer et vous sentir mieux.

Bonne humeur, mode d'emploi

À partir d'aujourd'hui, l'objectif est de chercher le positif dans toutes les situations que vous allez vivre et découvrir ce que peut vous apprendre une situation désagréable.

Êtes-vous prêt ? Go !!!

1. Dire OUI ET… et pas OUI, MAIS…

Avez-vous, dans votre entourage, une personne qui dit toujours « oui, mais… » Peu importe le sujet, elle s'accroche à ce « oui, mais… » comme une lente à un cheveu. Un « oui, mais… » se traduit par *Je ne veux pas, je ne peux pas, je n'ai pas envie, je n'ai pas la force*… c'est un NON déguisé.

Au jour 8, je vous parlais de l'importance de savoir dire non, mais ce « non » était un non pour ne pas accepter l'intolérable et faire ses choix en faveur de son bien-être.

Exercice : changez de vocabulaire, cessez d'utiliser OUI, MAIS… et remplacez-le par OUI ET…

Avertissement

Je souhaite clarifier un point important : j'aborde ici des événements légers de notre vie. Si vous avez vécu une ou des problématiques plus lourdes, faites-vous aider par des spécialistes du corps médical. Certaines situations demandent une écoute particulière et un traitement thérapeutique.

2. « Switcher »

Apprenez à switcher votre état d'esprit du négatif au positif. Il est temps, pour positiver, d'oublier les débuts de phrase comme « il faut que », « je dois ». Dès qu'on les prononce, on annonce à notre cerveau une corvée, une contrainte, quelque chose de pas très fun à faire.

1re étape : je traque les moments où j'emploie ces termes.

2de étape : je les remplace par « j'ai envie de », « quel bonheur de », « je souhaite »…

Certains me diront : *Comment avoir envie de ranger la maison ? Ce n'est pas glamour comme envie ?* Je suis tout à fait d'accord avec vous, mais derrière ce « j'ai envie de » se cache le résultat final, et pas l'action. Pensez plutôt : *J'ai très envie que ma maison soit rangée et propre.*

Autres exemples :

J'ai envie de préparer le repas ? Après une journée de travail, ce n'est pas fun de faire la cuisine, mais on peut avoir très envie de se régaler avec un bon petit plat.

C'est un bonheur de faire ma comptabilité ? Non, mais c'est un bonheur d'avoir une comptabilité à jour, on se sent rassuré.

➡ Cherchez la corvée, contrainte, l'obligation du jour :

....

➡ Et transformez-la en envie :

Je souhaite...

....

J'ai envie de..

....

C'est mon histoire

« J'ai un rapport à la vie plutôt optimiste, malgré de fréquentes moqueries que j'ai subies plus jeune vis-à-vis de mon surpoids. Heureusement que ma mère m'a transmis un peu de son caractère enjoué et positif ! Ce caractère est une force que j'ai développée pour me protéger des différentes agressions et qui m'a permis d'apaiser mes peurs et d'avancer en trouvant toujours une solution à des situations délicates. Enceinte de mon fils Anthony, lors du deuxième mois, on m'a annoncé que j'avais la toxoplasmose, ce qui peut être néfaste pour le fœtus. Je suis rentrée en larmes à la maison. Après une nuit d'angoisse, il fallait que je me rassure, je devais attendre la deuxième prise de sang pour confirmer le diagnostic. Ces 15 jours d'attente auraient pu être épouvantables pour certaines. J'ai décidé de prendre du recul, j'ai accepté la mauvaise nouvelle en laissant la vie se charger du résultat final. Que pouvais-je faire de toute façon ? Par chance, la donne a changé. Mon enfant était en bonne santé. Ouf ! »

3. Monsieur l'inspecteur du Service Bonheur !

Notre mission du jour : cherchons le positif dans tout. Pour se sentir heureux dans la vie, il nous faut 5 fois plus de positif que de négatif. Et si nous commencions par des affirmations positives dès le réveil ?

Je vais bien, il fait beau, quelle belle journée, merci pour ce réveil ensoleillé, quelle belle nuit… Bonjour les enfants, je vous aime, bonne journée chéri… Un « sourire », un « merci », un « je t'aime »…

➡ Quelles sont vos 3 phrases positives du jour ?

1. ....

....

2. ....

....

3. ....

....

....

À retenir

J'autorise le bourrage de crâne avec des pensées positives… chassez les autres !

➡ Posez-vous cette question sincèrement :

Quelle est votre intention positive aujourd'hui ? pour vous ? dans votre travail ? votre santé, vos amis, votre famille ?

➡ Qu'allez-vous faire pour eux qui sera bon pour vous ?

4. Le réflexe SMILE ☺

Pour avoir l'attitude positive, il faut sourire. Pas bêtement et passer pour un benêt, mais être enjoué pour se retrouver dans une bonne énergie positive ! Aujourd'hui, dès que vous rencontrerez une personne que vous connaissez, obligation d'avoir le *smile* (sourire) en lui disant bonjour ! **Et que ce soit sincère !**

3 CHOIX S'OFFRENT À VOUS :

a) je positive mes formulations

b) j'accepte ce qui m'arrive

c) je fais une formation de voyante, ainsi je pourrais prévoir l'avenir et éviter le malheur

Réponses a et b : Vous avez tout pigé.

Réponse c : Prenez le temps de relire le conseil du jour.

Jour 11

J'ai confiance en moi

Et j'arrête de douter

Une personne extraordinaire,
c'est une personne ordinaire qui fait des choses extra.

« Vous vous sentez plus souvent rejeté, timide, transparent. Vous doutez de l'intérêt qu'on peut vous porter, de l'amour qu'on peut vous donner... Vous vous sentez inintéressant et, régulièrement, vous avez la sensation de déranger. Qui vous a mis cela dans la tête ? Vos parents, vos amis, un mari, des relations, un patron, vous-même ?

Bonne nouvelle, les amis : la confiance, ça se travaille. Avec un peu d'entraînement, on arrive à des résultats extraordinaires.

Avez-vous déjà admiré une personne pour sa façon d'être qui respire la confiance en soi ? Une personne très à l'aise dans de nombreuses situations, qui a un talent pour attirer les autres vers elle, une assurance pour parler en public, une pédagogie exceptionnelle pour transmettre son savoir, une attitude naturelle qui vous épate à chaque fois ? *Mais comment fait-elle, j'aimerais tellement être pareil ! Cette personne sait tout faire, elle est formidable !*

Deux choses à savoir :

1. Cette personne que vous idolâtrez ne sait PAS tout faire. Je peux même vous confier qu'elle n'a pas confiance en elle dans tous les domaines. Je suis certaine que vous pourriez lui apprendre des choses que vous connaissez.
2. Et si cette personne qui a confiance en elle, c'était VOUS ! C'est parti pour télécharger l'appli **« + de confiance ».**

La confiance en soi, qu'est-ce que c'est ?

Comme le dit David Lefrançois : « C'est croire en soi ! La confiance en soi est une des composantes de l'**estime de soi.** C'est savoir qu'on a un potentiel et mettre les choses en place pour le réaliser.
La confiance en soi nous rend la vie plus facile, elle nous ouvre des portes, elle nous fait nous sentir bien dans nos baskets. Avec de la confiance, on met en avant nos talents, on bouscule nos limites. De prime abord, ce n'est pas évident de sortir de sa zone de confort, mais c'est indispensable pour devenir confiant dans le domaine que vous souhaitez. Votre objectif pour développer votre confiance sera de passer à l'ACTION **par petites touches,** en persévérant coûte que coûte et en zappant les petites phrases négatives d'auto-sabotage. À l'inverse, trop de confiance peut être pris comme de l'arrogance : trouvons donc le juste milieu pour être heureux et fiers de nous. »

C'est mon histoire

« Aujourd'hui, je n'ai aucun problème pour parler en public. Là où certains seraient en panique totale, je suis très détendue, que ce soit devant 100 ou 3 000 personnes.
Mais cela n'a pas toujours été le cas…
Plus jeune, j'étais très réservée. J'avais un mal fou à aller vers les gens, j'avais toujours envie de fuir. Il suffisait qu'on me regarde, qu'on m'adresse la parole, que je téléphone à quelqu'un, que j'achète du pain, que je demande un renseignement… pour que je me mette à piquer un phare.
Je bégayais, j'étais maladroite…
La seule solution que j'ai trouvée pour avancer petit à petit vers plus de confiance en moi fut, dans un premier temps, de maigrir. J'ai perdu 35 kg, mon image de moi est devenue plus valorisante. D'avoir relevé ce défi m'a permis de me prouver que j'avais des capacités. Maintenant, **j'ai confiance en ce que je veux, ce que je suis et ce que je peux faire.** »

Jour 11

Comment l'acquérir ?

OSEZ ! Ne pas OSER, c'est avoir peur de mal faire, de se planter, d'être moqué, ridiculisé, qu'on nous blesse… OSEZ, tant que ce que vous ferez ne portera pas atteinte à votre vie ou à celle de votre famille. FONCEZ, n'ayez peur de rien ! Vous n'imaginez pas les ressources incroyables que nous avons en nous pour surmonter les épreuves en cas de difficultés. Perso, je me suis épatée.

Êtes-vous prêt ? Go !!!

1. Passer à l'action

➡ Choisissez le domaine de votre vie où il vous semble important de passer la première vitesse, étant donné que vous êtes au point mort depuis longtemps.

- ☐ en amour
- ☐ en famille
- ☐ dans la relation aux autres
- ☐ dans le travail
- ☐ dans la vie perso
- ☐ dans les loisirs
- ☐ autres : ....

➡ Mettez en place une petite action que vous réussirez sans aucune difficulté. Dans un premier temps, sentez-vous en sécurité lors de l'exercice. Par exemple, si vous avez peur de parler en public, ne commencez pas par une conférence face à 2 000 personnes, restez entre amis.

Ma petite action du jour : ....

....

Je décide de la mettre en place : .... fois

et je commence (quel jour) : ....

Faites un bilan de votre petite action :

➡ Qu'avez-vous ressenti ? ....

....

➡ De quoi êtes-vous le plus fier ?

....

....

....

➡ Pourquoi est-ce important pour vous ?

....

....

....

➡ Quelle est ma prochaine ACTION pour plus de confiance en moi ?

....

....

Un exemple de petite action validée et productive

Lulu n'arrivait pas à supprimer son paquet de 15 bonbons chaque soir, depuis une semaine. En agissant ainsi, elle grossissait et perdait confiance en ses capacités à maigrir. Elle était démotivée. Il aurait été vain de lui dire d'arrêter net de manger son paquet de bonbons : échec garanti !
Nous avons trouvé un compromis : je lui ai proposé de retirer chaque jour 3 bonbons du paquet. Vu son sourire, c'était gagné, facile, possible et tellement réaliste que Lulu a tenu sa promesse sans aucun effort surhumain : **3 bonbons x 7 jours = 21 bonbons sur la semaine en moins.** C'est ce qu'on appelle une belle ACTION qui redonne confiance en nos possibilités.
Mon conseil : ne jamais vouloir brûler les étapes. **Nos petits pas sont des échauffements qui préparent aux médailles.**

2. Objectif déprogrammation/reprogrammation

Arrêtez de vous JUGER dès que vous mettez en place une action, un comportement, une réflexion, une attitude qui n'est pas forcément dans vos habitudes. Ne vous jugez pas, vous l'avez déjà fait de nombreuses fois et cela n'a pas abouti à plus de confiance en vous, au contraire. Nous n'allons donc pas reproduire ce mécanisme. Il est important de se **déprogrammer.** Dès que vous observerez un jugement, une critique, une réflexion négative sur vos actions, sortez votre STOP et, à la place, dites-vous une phrase positive.

Exemples :

- *Je teste une nouvelle façon de faire.*
- *Je m'entraîne.*
- *C'est bon pour moi.*
- *J'avance à mon rythme.*
- *Personne ne pourra le faire à ma place.*
- *Je serai fier après.*
- *Je tente l'aventure.*
- *J'y crois.*
- *J'en suis capable.*
- *Me voilà sur le bon chemin.*
- *C'est mon premier pas vers la réussite.*

3. Vous avez un mess@ge

Choisissez une quinzaine de personnes de votre entourage et envoyez-leur cette demande particulière par mail, SMS, vidéo ou statut sur les réseaux sociaux :

Coucou ....(prénom),

Pour me permettre d'avancer et de me sentir au top de ma forme, toi qui me connais bien, peux-tu me dire 2 ou 3 qualités que tu apprécies chez moi, ou 2 ou 3 choses que je pourrais t'apprendre ?

Je t'embrasse et merci de ton aide.
(signature)..

3 CHOIX S'OFFRENT À VOUS :

a) j'apprends en observant

b) je fais comme si j'avais confiance en moi

c) je fais une pause chips en me lamentant

Réponses a et b : Vous avez tout pigé.
Réponse c : Prenez le temps de relire le conseil du jour.

Si la peur m'empêche d'avancer

« Pour évacuer vos peurs, je ne vais pas appuyer sur vos points énergétiques ni vous faire répéter un mantra en boucle : ce ne sont pas mes techniques. Comme vous, je connais la peur, la boule au ventre, le trouillomètre à 0, l'incertitude qui naît de la peur. Avant tout, j'aimerais aujourd'hui vous apprendre à apaiser et à relativiser votre peur. Ce que vous imaginez comme une catastrophe n'est probablement qu'une bonne leçon de vie. Plutôt que d'être freiné par vos peurs, **laissez-vous guider par vos rêves, vos envies, votre cœur**. »

Quelles sont vos peurs ?

Peur d'être seul, abandonné, peur de l'inconnu, de manquer d'amour, de ne pas avoir les compétences, de mal faire, de ne pas y arriver ou alors de réussir ! Vous avez peut-être peur des disputes, de déranger, du vide. Et si, pour balayer d'un revers de manche ces peurs, il nous suffisait d'une seule chose… un petit peu de **courage**? Je ne vais pas vous demander le courage de Superman ni de Super Woman… Je parle du **courage de penser autrement.** Cap ou pas cap ?

Nous avons peur avant que quoi que ce soit arrive. Nous avons une imagination débordante pour jouer au « fais-moi peur ».

➡ *Si je me marie, je perds ma liberté.* Mais pensez-vous vraiment que tous les couples sont enfermés sur eux-mêmes ?

➡ *Si je quitte cet homme que je n'aime plus, je vais être seule.* Il n'y a pas d'âge pour retrouver l'amour.

➡ *Si j'accompagne mon mari à l'étranger pour son travail, j'abandonne ma famille.* Vous ne l'abandonnez pas, vous découvrez le monde, ils viendront vous rendre visite.

➡ *Si je me mets nue sur la table d'un restaurant, que vont penser les gens ?* Effectivement, dans ce cas, c'est risqué !

Des « si », il y en a des milliers qu'on invente en permanence et la peur qu'ils engendrent nous aveugle. Enlevez vos lunettes opaques, ouvrez les yeux, toutes ces choses vous empêchent de voir le cadeau qui se cache derrière. C'est la première action qui mène au courage.

C'est mon histoire

« Quand mon fils avait 4 ans, nous sommes allés faire une cure pour un problème ORL près d'Amélie-les-Bains. J'ai rencontré là-bas un curiste trentenaire sympathique, qui nous a proposé d'aller en direction de l'Espagne visiter le musée Dalí. Jeune maman, j'ai accepté et nous voilà partis pour une virée. Une fois au musée, ce gentil jeune homme me propose de porter mon fils sur ses épaules et j'accepte volontiers. Nous visitons les différents étages, et soudain, je tourne la tête : plus personne ! Je cours, je hurle… J'ai couru tellement vite que j'avais l'impression de voler.
La peur m'a donné des ailes. J'ai fini par les retrouver : j'ai littéralement arraché mon fils de ses épaules en l'insultant d'être parti sans me prévenir. J'ai serré mon fils contre moi afin de me calmer. **Je n'ai jamais eu aussi peur de ma vie.** L'émotion a été très intense : une peur notée 10 sur l'échelle du trouillomètre. Cet événement a eu un impact incroyable jusqu'à aujourd'hui. À partir de ce moment, je me suis promis que rien dans ma vie ne pourrait me faire aussi peur. Depuis, je relativise et j'avance à grand pas. Quand je compare mes autres peurs à celle-là, j'ai tout de suite moins peur.
Cette situation m'a appris qu'on ne pouvait jamais prévoir ce qui arrive et que, quand une catastrophe arrive, **on trouve en soi les ressources nécessaires pour agir.** »

Apprenez à faire la différence entre la peur utile et la peur inutile

La peur est une des 4 émotions de base avec la colère, la joie et la tristesse ; elle est là pour nous protéger, car elle nous prévient d'un **danger** imminent. Quand elle est trop présente dans nos vies, elle nous empêche d'agir. Si elle dure plus de 10 secondes, elle devient un sentiment, puis une humeur et ensuite un caractère craintif.
Ne la laissez pas s'installer et devenir votre colocataire. Fichez-la dehors ! Embauchez Mme Courage, elle sera plus agréable comme coloc ! La **vraie peur** doit être présente quand elle met en péril votre vie ! Encore faut-il en prendre conscience…

Il y a quelques années, enceinte de 7 mois et demi de ma fille Emma, je suis partie à l'hôpital pour un examen. Quelle ne fut pas la surprise du médecin de me voir **avec un casque sous le bras** : *Êtes-vous consciente du danger madame ?* Pas une seconde, je n'avais pris conscience du danger que je faisais courir à mon futur enfant et à moi.

Bonne nouvelle

Vous avez survécu à la première peur, vous aurez toutes les facilités à surmonter celle que vous vivez actuellement.

Et vous ?

➡ Quelle a été la grande peur de votre vie ?..

➡ À combien l'estimez-vous ?

■ M ■ L ■ XL ■ XXL ■ XXXL

(Je note ma plus grande peur XXXL.)

➡ Quelle est votre plus grande peur du moment ?..

➡ À combien l'estimez-vous ?

■ M ■ L ■ XL ■ XXL ■ XXXL

➡ Si elle est plus forte, c'est votre nouvelle peur XXL.

➡ Si cette peur est notée XXL, que pourriez-vous mettre en place pour qu'elle se transforme en XL ?

....

....

Jour 12

Êtes-vous prêt ? Go !!!

1. Analyser sa peur

Dès que vous ressentirez de la peur, posez-vous et laissez-vous le temps de l'écouter.

➡ Que vous dit cette peur ?

....

....

➡ Pourquoi avez-vous peur de ça ? D'où cela vient-il ?

....

....

➡ Avez-vous déjà vécu la situation catastrophique que vous imaginez ?

....

....

....

➡ À quelle occasion ?

....

....

....

➡ Aviez-vous à l'époque réussi à gérer la situation ? ☐ oui ☐ non

Si OUI, pas de crainte à avoir. Si NON, comment tirer profit de l'expérience passée ?

....

....

....

➡ Comment pourriez-vous assurer vos arrières ?

➡ En quoi cette peur peut-elle vous faire chuter ?

➡ Et si cette peur était votre amie, pourriez-vous lui demander de rester à l'écart pendant quelque temps ? Comment feriez-vous sans cette peur ?

➡ Et si cette peur était une aide, un message, une indication, que dirait-elle ?

2. Avoir son talisman

Choisissez un objet qui représente le plus pour vous la notion de courage (un pendentif, un tissu, un caillou, un bijou…). Peu importe l'objet, mais optez plutôt pour le cochonnet que la boule de pétanque si vous devez le transporter dans votre poche… Gardez-le à portée de main et, dès que vous sentez la peur s'instiller en vous, serrez très fort l'objet. Dites-vous : *J'ai du courage et les capacités pour affronter cette situation.*

3 CHOIX S'OFFRENT À VOUS :

a) je fais tout pour sécuriser la situation

b) j'évalue ma peur sur une échelle de M à XXXL

c) je claque des dents et j'appelle ma mère

Réponses a et b : Vous avez tout pigé.

Réponse c : Prenez le temps de relire le conseil du jour.

Jour 13

Mon stress = ma dose de poison

« Imaginez un monde où la zen attitude serait tout le temps au rendez-vous : rien ne pourrait vous atteindre, chaque émotion aurait sa réponse adéquate. Après une journée de travail, vous seriez positif, serein. Votre esprit ne serait jamais encombré de pensées négatives. Vous seriez toujours zen, jamais en retard. Vous dormiriez comme un bébé. Vous auriez une faculté d'adaptation extraordinaire.

Ne rêvons pas : il n'y a que **Bouddha** pour être comme ça ! D'ailleurs, la statue de Bouddha m'émerveille. Je ne pratique pas cette religion, mais la position calme et apaisée de ce représentant de la zen attitude me fascine. Comment fait-il pour rester des heures dans cette position ? J'ai bien tenté pour vider mon stress et atteindre le nirvana de m'asseoir en tailleur, mais j'avoue que, pour moi, ce n'est pas la position idéale pour décompresser.

Nous vivons dans un état de stress permanent, que ce soit au travail ou dans notre famille… il serait temps que nous apprenions à nous DÉ-TEN-DRE. Ce stress nous gâche la vie, il nous rend malade. »

Est-ce que ça existe des cures antistress ? Oui, ça s'appelle les vacances… tant que votre location n'a pas vue sur l'autoroute !

C'est mon histoire

« Il y a quelques années, j'étais la reine du ménage. J'avais tout l'arsenal des produits ménagers, je n'avais qu'une obsession : qu'on ne dérange rien et qu'on ne salisse pas. Du coup, j'invitais de moins en moins à la maison. Quand on salissait ce que j'avais nettoyé, j'étais très stressée, je ne voyais que la zone contaminée. Je passais mes week-ends à nettoyer, jusqu'à lessiver les plafonds… Le club des maniaques, vous vous reconnaîtrez. Le plus beau compliment qu'on pouvait me faire était de me dire que ma maison était propre et bien rangée.
J'ai cessé mon cinéma quand j'ai pris conscience que je ne profitais pas de mes week-ends et que vouloir une maison parfaite était épuisant, que c'était un fardeau qui m'angoissait profondément.
J'ai compris mon besoin : je voulais éviter ce que j'avais vécu enfant, à savoir vivre dans une maison en bazar, qui me faisait honte. J'avais besoin de savoir d'où venait ce stress.
Petit à petit, j'ai lâché du lest. »

Pourquoi est-ce important de gérer son stress ?

Tout simplement parce qu'il nous tue à petit feu : 3 minutes de stress, c'est 3 heures de cortisol dans le sang. Celui-ci est un vrai poison pour l'organisme quand il est en grande quantité.
Il augmente notre état de fatigue au maximum et diminue les défenses immunitaires.
Parmi les antidotes du cortisol : bouger (son corps !), car cela permet de booster les endorphines.
N'oubliez pas : un corps immobile, c'est un corps qui somatise et qui souffre.

Bonus

Avez-vous dit aujourd'hui « je t'aime » à une personne ? Non ? Alors, c'est le moment.

Jour 13

1. J'écoute la nature

Prenez 5 minutes dans un environnement calme et serein. Écoutez le chant des oiseaux, le vent dans les arbres ou tout simplement le silence de la nuit. La nature est une ressource apaisante magnifique.

2. Je fais le tri

Certaines choses sur lesquelles on stresse n'en valent pas la peine. Et si vous faisiez un tri ? Parfois, il est bon de relativiser.

➡ Notez 3 événements qui vous stressent énormément :

1. ....

2. ....

3. ....

Quel est le déclencheur extérieur de ce stress ?

....

....

....

Que ressentez-vous quand vous êtes stressé ?

....

....

....

....

Quel est le besoin qui se cache derrière ce stress ?

....

....

....

....

➡ Notez 3 événements qui vous stressent moyennement :

1. ....
2. ....
3. ....

Pourquoi ne sont-ils que moyennement stressants ?

....

➡ Notez 3 événements qui vous stressent faiblement :

1. ....
2. ....
3. ....

Pourquoi ne sont-ils que faiblement stressants ?

....

➡ Que faites-vous pour relâcher la pression du stress ?

....

....

➡ Pourriez-vous agir de la même façon pour un stress plus important ?

....

....

3 CHOIX S'OFFRENT À VOUS :

a) je prends le temps de respirer avant d'agir sous l'emprise du stress

b) je recherche le besoin qui se cache derrière ce stress

c) surtout, je ne change rien !

Réponses a et b : Vous avez tout pigé.
Réponse c : Prenez le temps de relire le conseil du jour.

3. Je déstresse

Coloriez ce mandala et le calme vous envahira petit à petit.

Je gère mes émotions

« Les émotions… c'est le « gros mot » du jour, surtout quand on a un mal fou à les gérer ! Elles sont souvent porteuses de négatif, car « c'est toujours leurs fautes ». Pourtant, nos émotions sont comme un GPS, **elles sont là pour nous guider** et nous apprennent des choses sur nous et les autres. Ce qui nous fait peur, c'est ce dont les émotions nous obligent à prendre conscience : elles nous forcent à faire face à certaines vérités. »

Et vous ?

➡ Comment réagissez-vous face aux émotions ?

■ **Vous les niez.** C'est toujours plus facile de dire :
Mais non, je ne suis pas triste !

■ **Vous les intensifiez** pour en tirer un avantage :
J'ai trop peur, aide-moi, occupe-toi de moi.

■ **Vous les fuyez.** Par exemple, vous évitez de voir un membre de votre famille, car vous ne vous sentez pas prêt à exprimer votre colère.

Ce sont les 3 erreurs de comportement les plus récurrents en réponse aux émotions, il est donc temps de changer.

Jour 14

Accepter ses émotions, c'est se sentir mieux et retrouver un apaisement intérieur.

Souhaitez la bienvenue à vos émotions

Apprenez à poser un regard différent sur vos émotions en les accueillant ou, si vous préférez, en leur souhaitant la bienvenue. Une émotion est un **messager :** quand, dans la vie, on vient vous annoncez une nouvelle, bonne ou mauvaise, vous écoutez et vous agissez et réagissez en conséquence. Il est temps d'agir de même avec vos émotions.
Un petit coup de pouce pour apprendre à gérer ses émotions : les émoticartes conçues par Patrice Lacovella (pour les enfants aussi !)

Êtes-vous prêt ? Go !!!

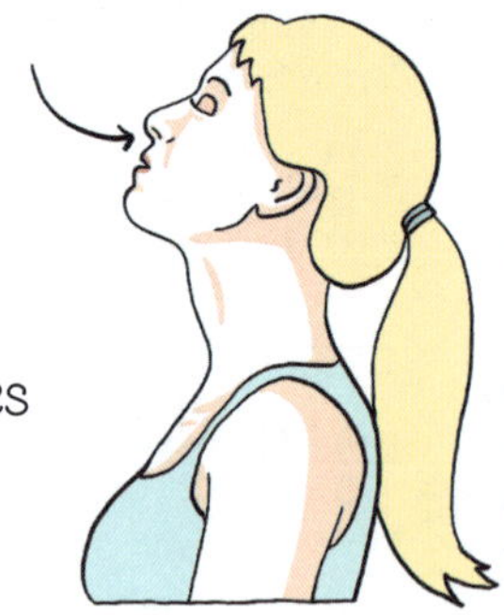

1. Faire une pause

Sous l'emprise d'une émotion désagréable, prenez 5-10 minutes pour vous aérer, sortir, marcher ou aller à la fenêtre.

2. Écouter

À chaque fois que vous ressentirez une émotion, apprenez à la reconnaître et à la nommer.

➡ Est-ce que je ressens ?

- la peur
- la colère
- la joie
- la tristesse
- la honte
- la surprise
- le dégoût
- autres :..

➡ Qu'est-ce qui l'a déclenchée ?..

....

....

....

....

➡ Décodez le message :

- Si cette émotion devait me prévenir d'une chose, qu'est-ce que ce serait ?

....

....

....

....

- Si cette émotion était un cadeau, quel serait-il ?

....

....

....

....

C'est mon histoire

« Toutes les colères que j'ai ressenties dans ma vie ont été déclenchées par l'injustice. Mon désir secret était de rétablir la justice et la vérité. Je détestais être accusée à tort ou qu'on accuse à tort quelqu'un d'autre devant moi. Si je ne suis pas fautive, je me défends, je pleure et j'attaque. Je jouais ma vie à chaque fois, parfois pour rien ! Ça, c'était avant, quand je m'enflammais pour un rien. Maintenant, j'écoute les remarques, je me calme et je donne des explications une fois que j'ai digéré et pris en compte tous les éléments. J'ai pris le parti de ne rien dire sur le moment. En laissant passer du temps, je suis surprise de constater qu'elles n'étaient pas nécessairement contre moi. En tout cas, je m'interdis de dire quoi que ce soit sous l'emprise de la colère ! Trouver la source de ma douleur peut être bénéfique : j'ai eu cette chance avant la mort de ma grand-mère. Les quatre mois passés à la soigner avant son décès m'ont aidée à comprendre d'où venait mon sentiment d'injustice. Mon esprit d'enfant avait interprété les choses d'une certaine manière et, en tant qu'adulte, le décodage était complètement différent. Quand notre vie d'adulte est bancale, il faut aussi prendre conscience que notre façon de fonctionner peut changer et doit parfois changer pour avancer. »

- Si cette émotion me disait de changer quelque chose dans ma vie, qu'est-ce que ce serait ?

....

....

....

....

➡ Quel est le besoin caché derrière cette émotion ?

....

....

....

- Avant, sous le coup de l'émotion, je faisais

- Aujourd'hui, je fais (autrement)

➡ **Mon engagement :** mon nouveau comportement face à mon émotion

À retenir

Ma règle de base : ne jamais prendre de décision sous l'emprise de l'émotion. Prenez le temps du recul pour que tout s'éclaire, prenez le temps de respirer, sortez vous aérer. Sous l'emprise de l'émotion, on a du mal à raisonner.

N'oubliez pas de reconnaître les émotions des autres en disant :

- *Parfois, c'est normal de ressentir cela.*
- *Je suis là si tu as besoin de mon aide.*
- *Je t'aime fort.*
- *Je te comprends…*

3 CHOIX S'OFFRENT À VOUS :

a) j'exprime ce que je ressens

b) je souhaite la bienvenue à mes émotions

c) je garde tout et j'attends le prochain pétage de câble

Réponses a et b : Vous avez tout pigé.
Réponse c : Prenez le temps de relire le conseil du jour.

Mon bilan de la semaine n° 2

« Nous sommes à mi-chemin ! Vous m'épatez ! Sentez-vous déjà le changement dans votre façon de voir les choses, de les ressentir, de les accepter ? Ce cahier aborde avec légèreté certains sujets difficiles, donc soyez cool envers vous-même. Je sème des petites graines de changement qui, plus tard, donneront de belles choses à partager. **Ne doutez pas, vous avancez**. Du calme, les amis ! Attention, on ne brûle pas les étapes et on répète ce qu'on a vu la semaine précédente, car c'est l'heure du bilan. »

Bilan global :

Qu'est-ce que j'ai appris lors de cette deuxième semaine ?

....

....

Quels ont été les objectifs que j'ai mis en place ?

....

....

....

Quelles difficultés ai-je rencontré ?

....

....

....

Quelles solutions ai-je trouvé pour réussir les exercices ?

....

....

Quels bénéfices ai-je obtenu ?

....

....

Comment est-ce que je me sens ?

....

....

Pourquoi est-ce important pour moi de persévérer ?

....

....

Jour 8. JE DIS NON

1. Quelle(s) action(s) ai-je mis en place ?

....

....

....

2. Ce début était-il positif ? Oui ? Non ?
Pourquoi ?

....

....

3. Combien de fois me suis-je affirmé ?

- [ ] 0 - [ ] 1 - [ ] 2 - [ ] 3 - [ ] 4 - [ ] 5 - [ ] 6
- [ ] 7 - [ ] 8 - [ ] 9 - [ ] 10 - [ ] ....

4. Dans quel domaine de ma vie ?

....

....

5. Qu'est-ce que je ressens quand je m'affirme ?

....

....

Jour 9. JE DORS COMME UN BÉBÉ

1. Qu'ai-je mis en place pour mieux dormir ?

....

....

....

2. En quoi mieux dormir est-il important pour moi ?

....

....

....

....

3. Quel sens est-ce que je donne au fait de mieux dormir ?

....

....

....

....

Jour 10. J'ADOPTE LA POSITIVE ATTITUDE

1. Quelles sont les personnes que j'ai accueillies avec le sourire ?

....

....

2. Qu'est-ce que j'ai ressenti ?

....

3. Quelle a été la réaction de la personne à qui j'ai souri ?

....

4. Ce nouveau comportement a-t-il été enrichissant ?

....

Jour 11. J'AI CONFIANCE EN MOI

1. Dans quelles situations est-ce que je doute le plus ?

2. Qu'ai-je mis en place pour avoir plus confiance en moi ?

3. Ai-je trouvé d'où venait mon manque de confiance ?

4. Quelle petite action ai-je mis en place ?

5. Qui ai-je observé pour me sentir plus en confiance ?

Jour 12. SI LA PEUR M'EMPÊCHE D'AVANCER

1. À combien est-ce que j'estime maintenant ma capacité à gérer la peur ?

0 5 10

2. Quelles actions ai-je mis en place ?

3. Ce début était-il positif ? Oui ? Non ? Pourquoi ?

4. Que faut-il améliorer ?

5. Combien de fois ai-je trouvé du courage ?

☐ 0 ☐ 1 ☐ 2 ☐ 3 ☐ 4 ☐ 5 ☐ 6
☐ 7 ☐ 8 ☐ 9 ☐ 10 ☐ ....

6. Dans quel domaine de ma vie ?

7. Qu'est-ce que je ressens ?

Jour 13. MON STRESS = MA DOSE DE POISON

1. Qu'ai-je appris sur le stress ?

2. Qu'ai-je mis en pratique pour soulager le stress dans ma vie ?

3. Est-ce que j'en ressens des avantages ?

Jour 14. JE GÈRE MES ÉMOTIONS

1. Est-ce que j'arrive à identifier mes émotions ?

2. Quel effet cela me fait-il ?

3. Quel est le message qu'elles m'envoient ?

4. Qu'en ai-je fait ?

5. Si je n'ai pas réussi, est-ce que je peux expliquer pourquoi ?

6. Si un(e) ami(e) que j'aime avait ressenti la même émotion que moi, que lui aurais-je conseillé ?

7. Est-ce que je pourrais, la prochaine fois, tester cette solution ?

BRAVO

LES AMIS, VOUS ÊTES SUR LE BON CHEMIN DU CHANGEMENT !

Des petites choses bougent,
et c'est le **DÉBUT DE LA RÉUSSITE**.
Je vous donne déjà une médaille
ou j'attends la fin ?

Jour 15

Je vis AVEC mes blessures passées

« Quoi qu'il arrive, vos blessures passées vous collent à la peau : il est impossible de vous en détacher, elles vous rappellent à l'ordre dès que vous tentez d'avancer dans la vie. À force de les repousser, elles sont encore plus présentes, elles vous font souffrir, vous torturent, vous étouffent, vous mettent en colère, vous frustrent, vous rendent dépendant et malade, vous blessent… On les appelle **les blessures d'abandon ou d'injustice, d'humiliation, de trahison, de rejet*…**
Comment vivre avec ses blessures et même **en faire une force ?** Je vous donne quelques pistes qui m'ont bien aidée. »

* Lise Bourbeau.

Comment faire ?

J'imagine la blessure du passé comme une **amie pot de colle :** quoi que vous fassiez, elle revient vers vous, elle est toujours là, dans les bons et mauvais moments, elle est culottée, toujours autour de vous, elle est depuis longtemps rentrée sans permission dans votre périmètre de sécurité, bref, elle vous colle à la peau. Comme la poussière qu'on nettoie et qui revient à chaque fois, elle s'efface momentanément pour réapparaître. Aujourd'hui, je vous demande d'accepter cette blessure comme votre meilleure amie. Difficile ! NON, les amis, ce n'est pas difficile, c'est juste nouveau. De toute façon, elle est là, et il va falloir faire avec. Lâchez prise avec le « je ne la supporte plus, je veux qu'elle s'en aille, je m'en veux, j'aurais dû… » À quoi ça sert ? Vous voyez bien que ça ne fonctionne pas. Considérez déjà que cette blessure existe, elle fait partie de vous.

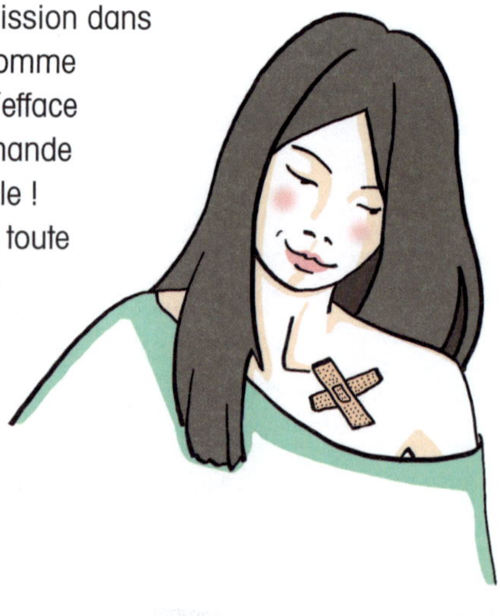

À retenir

Rassurez-vous, rien n'est figé. Les choses s'améliorent quand on a envie que ça change. C'est votre décision et uniquement la vôtre de faire bouger les choses ou de repousser vos limites.

Vous ne pouvez pas oublier votre passé ni le changer, mais vous pouvez avancer vers un avenir plus serein et vous réconcilier avec votre passé. Votre passé, c'est votre histoire. Pardonnez-vous !

Êtes-vous prêt ? Go !!!

1. Faire le point

➡ Commencez par identifier votre blessure :

■ trahison ■ injustice ■ rejet ■ abandon ■ humiliation

■ autres : ....

➡ Donnez-lui ensuite un nom : ....

Moi, je l'ai appelée « mon amie pot de colle ». Vous pouvez aussi l'appeler Zézette : c'est vous qui voyez !

2. Adopter la bonne attitude

À chaque fois que vous la sentez monter en vous, **prenez-en conscience**, elle est là pour vous faire un petit coucou. Dites-lui à voix haute : *Je t'ai entendue, je sais que tu es là, reste avec moi, mais j'ai des choses à faire.* Ou alors : *Ah, c'est mon amie pot de colle qui vient me voir ! Ça fait longtemps ?* Dites-lui des mots agréables.

Comportez-vous avec votre blessure comme une amie qui n'a pas choisi le bon moment pour venir ou comme quelqu'un qui ne sait pas partir de chez vous alors vous commencez à débarrasser la table et à bâiller, sans trop engager la conversation, pour qu'elle comprenne que vous avez envie qu'elle parte.

Au bout d'un moment, l'invité s'en rend compte et s'en va. Ne soyez pas frontal, allez-y tout en douceur, sans jugement, sans énervement, sans préjugé. Ne pas en tenir compte est une erreur : reconnaissez plutôt sa présence et continuez à faire ce que vous faites, car plus vous la chassez, plus elle s'incruste.

C'est grâce à cet exercice que, petit à petit, ma blessure s'est faite de plus en plus silencieuse, et que des journées et des semaines, puis des mois sont passés sans qu'elle ne se manifeste. Et si, de temps en temps, elle revient, la porte est grande ouverte, je l'accueille avec étonnement en lui disant : *T'étais où ? T'es de retour ?* Ma blessure me sert d'expérience, elle est un atout pour aider les autres, je lui ai donné un sens et je l'ai acceptée.

Astuce

Pour tenter de régler les gros problèmes, vous pourriez momentanément les écrire et les mettre dans une boîte, afin de vous attaquer d'abord aux plus petits problèmes.

C'est mon histoire

« Apprendre à 35 ans que votre père n'est pas votre père, c'est particulier. C'est ce que j'ai vécu et c'est grâce à ça que j'ai compris les comportements injustes de mon père vis-à-vis de moi quand j'étais enfant. Pourtant, je ne ressens pas une blessure d'abandon, mais plus une **blessure d'injustice**, sûrement car j'ai appris la nouvelle à 35 ans. La blessure d'injustice provoquait alors chez moi une peur terrible. J'avais toujours la sensation que, quoi que je dise, on ne me croirait pas. Ne pas avoir l'approbation de son père quand les preuves sont là, je l'ai très mal vécu. D'où sûrement cette colère que j'ai eue en moi très longtemps. Jusqu'à l'adolescence, j'étais d'humeur lunatique et boudeuse : le résultat d'une colère rentrée. En grandissant, je n'osais pas dire les choses. **J'ai lâché prise petit à petit**, en acceptant de vivre avec le fait que les gens avaient le droit de ne pas me croire. C'était leur problème, moi, j'étais réglo. Ils avaient peut-être, eux aussi, une blessure qui les empêchait de me croire ? Comme une blessure de trahison ! »

Quiz express

➡ Comment vous sentez-vous ?

....

➡ Quelle(s) action(s) allez-vous mener face à votre blessure du passé ?

....

➡ Comment faire pour rendre l'exercice facile ?

....

➡ De quelles ressources personnelles avez-vous besoin ?

....

➡ Quel est votre engagement ?

....

3 CHOIX S'OFFRENT À VOUS :

a) je souhaite la bienvenue à ma blessure

b) je m'en fais une amie

c) je file me mettre la tête dans le frigo

Réponses a et b : Vous avez tout pigé.
Réponse c : Prenez le temps de relire le conseil du jour.

À partir de maintenant, faites vos exercices
en compagnie de votre nouvelle amie !

Je calme mon EGO

« **L**'ego, qu'est-ce que c'est ? C'est **votre MOI… et toute la compagnie.** Il y a différentes facettes en chacun de nous, et chacune d'entre elles s'exprime dès que nous pensons et dès que nous avons un choix à faire dans la vie. »

Que veut mon ego ? Avoir raison !

Sa fonction n° 1 est de **nous protéger**, et il veut gagner. Le « je » veut avoir raison, au risque de vous faire regretter votre décision par la suite. N'avez-vous jamais dit : *C'est plus fort que moi ?* L'ego est puissant : il nous met un pansement pour éviter de souffrir, mais il s'y prend mal, et du coup, c'est le bazar dans notre tête. Il accuse les autres, il vous pousse à vous plaindre, à vous défendre, il cultive la souffrance, il grossit les traits comme la colère, la tristesse, la frustration.Vous avez ce livre entre les mains pour changer et j'imagine que vous souhaitez calmer ces petites voix des différents « je » qui se battent en vous. Voici quelques exercices pour y arriver.

Êtes-vous prêt ? Go !!!

1. Prendre conscience de ses choix

Imaginez que, dans votre tête, c'est une réunion syndicale, une réunion de colocs, voire une réunion de famille : chacun a son opinion, chacun a son mot à dire. Le sujet est épineux, chacun est convaincu d'avoir raison. Il n'y a pas de bonne ou de mauvaise réponse, mais écoutez la voix qui est en faveur de VOUS.

➡ Aujourd'hui, je suis responsable de mes choix et j'assume, même si mes petites voix intérieures me disent le contraire.

2. Exercice pratique

Imaginez qu'on vous a fait une proposition pour changer de travail, et vous organisez une réunion au sommet, avec vous-même.

➡ Placez-vous en rapporteur de la réunion et écoutez les différents avis pour ou contre. Notez-les sur un papier :

Les « contre » : ....

Les « pour » : ....

Exemple :

Les « contre » : *Tu ne vas pas quitter ton boulot ? C'est de la folie ! Imagine, tu tombes sur des collègues qui ne te correspondent pas ? Et puis, c'est trop loin ! Faut que tu déménages ! Tu n'y arriveras pas, t'es trop vieux. Tu as déjà essayé de changer de métier, tu t'es planté. Qu'est-ce que tu t'embêtes, t'es pas si mal que ça...*

Les « pour » : *En fait, ça me tente, c'est un challenge. J'aime ce nouveau métier. Depuis le temps que j'en rêve. Mais on peut essayer, je me sens prêt...*

➡ Une fois les différents avis écrits sur un papier, lisez-les à voix haute pour que vous preniez conscience du bouillonnement dans votre tête.

Jour 16

➡ Vous reconnaissez-vous dans ces différentes facettes du « je » ?

- le « je » créatif
- le « je » dubitatif
- le « je » négatif
- le « je » positif
- le « je » peureux
- le « je » fonceur
- le « je » courageux
- le « je » du sabotage
- le « je » raisonnable
- le « je » sécuritaire
- le « je » souffrant
- le « je » ambitieux
- autres : ....

....

....

....

➡ Prenez votre décision en fonction de vos valeurs et non de vos souffrances passées ou de vos mauvaises expériences.

Qu'est-ce que je veux vraiment ? C'est moi qui prends le pouvoir sur toutes les facettes de ma personnalité.

....

....

....

....

Je prends en compte mes valeurs.

C'est moi qui décide !

C'est mon histoire

« Lorsque ma grand-mère s'est cassé le fémur, je l'ai retrouvée dans un hôpital des pays de l'Est dans un état si lamentable que je pensais qu'elle ne passerait pas la nuit. Afin d'être au plus proche d'elle, j'ai pris un hôtel près du centre et, le lendemain matin, j'étais à ses côtés pour la soutenir et l'aider à se remettre avec comme promesse : *Mamie, ne t'inquiète pas, tu ne vas pas mourir pour une jambe cassée.* Mais une petite voix me disait que tout était perdu : *Elle a 98 ans, elle est trop vieille, les médecins t'ont dit qu'elle ne marcherait plus*... Ça, c'était mon moi qui doute, qui a peur... puis il y avait aussi les petites voix qui disaient :
Tu vas y arriver, t'es capable de l'aider, rien n'est impossible, elle n'a qu'une jambe cassée, renseigne-toi, trouve une solution, t'es une battante...
La nuit dans cet hôtel fut infernale jusqu'au moment où j'ai dit : *STOP, il faut que je dorme pour être en forme et avoir les idées claires.* J'ai écouté les avis et je me suis dit calmement : *OK, j'ai tout entendu, j'avancerai pas à pas, on verra demain.* Mouliner dans la tête les problématiques de la veille n'avance pas à grand-chose. Et pas de risque qu'elles s'échappent, je les retrouverai le lendemain. Ma croisade pour sauver ma grand-mère fut une belle réussite, non sans douleurs. J'en ai bavé, mais ce fut un succès. Plusieurs mois plus tard, ma grand-mère est décédée, non pas de sa fracture, mais de la grippe. »

3 CHOIX S'OFFRENT À VOUS :

a) j'observe ce qui se dit dans ma tête

b) je fais un rapport détaillé des conversations

c) je cogite toute la nuit face à une bougie au lieu de dormir

Réponses a et b : Vous avez tout pigé.
Réponse c : Prenez le temps de relire le conseil du jour.

Jour 17

Halte à l'auto-sabotage !

« À chaque fois que vous démarrez un projet, impossible d'arriver au bout sans tout faire capoter. Vous avez un don particulier pour anéantir vos rêves. Vous êtes un adepte des histoires d'amour qui partent en vrille, ça fait des lustres que vous n'avez plus d'ambitions personnelles et professionnelles, toute tentative d'améliorer votre situation est vouée à l'échec ! Chaque rencontre amicale est une catastrophe, toute tentative de communication se solde par une réponse négative. Peu importe le domaine, vous n'atteignez jamais vos objectifs…
Ce vécu catastrophique n'est pas glorieux, mais je vous rassure, changer va être possible dès que vous aurez pris conscience que **le seul saboteur, c'est vous.** L'auto-sabotage, c'est se mettre soi-même des bâtons dans les roues. Au cas où l'entourage ne vous en mettrait pas assez. Vous devenez votre pire ennemi, dans vos habitudes, vos attitudes, vos mots, votre façon de faire. Vous vous empêchez d'aller mieux. »

Exemples d'auto-sabotage

➡ Vous voulez une vie de famille avec des enfants pour être heureux, *mais vous fréquentez des femmes mariées qui ont la cinquantaine.*

➡ Vous en avez marre de souffrir en amour, *mais vous vous mettez toujours dans ces mêmes situations amoureuses qui vous font souffrir.*

➡ Vous avez un travail à rendre dans un temps limité, *mais vous attendez le dernier moment pour commencer à le rédiger ! C'est évident que le travail ne sera pas terminé.*

➡ Vous voulez maigrir, *mais vous mangez 3 brownies par jour ! Votre désir de maigrir et vos actes sont-ils cohérents ?*

Le saboteur interne est créé par nos peurs d'avancer et de sortir de notre zone de confort. C'est notre ego le grand instigateur de cette petite voix extrêmement puissante qui nous sabote. Cette voix se nourrit de nos blessures, des phrases entendues enfants, du jugement, de la critique, du doute… Certains sont contaminés à haute dose !

En finir avec l'auto-sabotage

C'est possible, en faisant un travail sur soi et sur son identité. Mais ça veut dire quoi, travailler sur soi ? J'attaque à la truelle et au marteau ? Non, il s'agit **de booster son estime de soi, se faire confiance, croire en soi et œuvrer en faveur de son bien-être.** Je mérite mieux, je m'apprécie à 100 % quoi que je fasse. Et j'imagine, pour le créer, un avenir radieux en ma propre compagnie.

À retenir

On ne change pas les autres, c'est à vous de changer. Changer vos pensées, vos actions, vos actes, vos paroles. Le changement devra être physique, mental, émotionnel afin de vous permettre d'être plus heureux et d'évoluer.

Jour 17

Êtes-vous prêt ? Go !!!

1. Je me lance dans un projet sans m'auto-saboter cette fois

➡ Quel est mon projet ?

....

....

....

➡ Comment lui donner toutes ses chances ?

....

....

....

➡ Reformulez le projet avec ce début de phrase :

Je veux réussir mon projet de .... Quoi qu'il arrive, je ne lâche rien !

➡ Chaque matin, je répète ces 2 phrases et j'écris chaque jour une action pour y parvenir.

L'action d'aujourd'hui est de ....

➡ À chaque fois que j'entends une voix dans ma tête me dire que je ne vais pas y arriver, je me visualise en train de mettre ma cape du « tout est possible » en répondant à ces questions.

➡ Et si tout était possible, qu'est-ce que je ferais ? ....

....

....

➡ Qu'est-ce que je veux vraiment ?

....

....

➡ Suis-je dans la bonne direction ?

....

....

➡ Que ferait la personne la plus compétente dans ce domaine ?

....

....

....

À retenir : 3 actions anti-sabotage

➡ 1. Je tais mes pensées négatives.

➡ 2. Je transforme mes pensées saboteuses en affirmations positives.
Exemples :
- *Tu n'y arriveras pas* devient : *C'est certain, j'en suis capable.*
- *Tu ne maigriras jamais* devient : *Bien sûr, que je serai mince, j'ai déjà commencé.*
- *Tu es bon à rien* devient : *Je suis carrément bon à tout.*

➡ 3. Je ne compte que sur moi. N'attendez rien de personne, vous êtes le GPS de votre vie.

N.B. : Je suis en couple avec mon propre saboteur (moi-même). Prévoir une séparation à l'amiable, c'est une question d'urgence.

C'est son histoire

« Il y a quelques années, un de mes amis passait un examen dans le domaine forestier. Ce job était très important pour lui et sa famille, car il lui permettait de faire des projets et d'améliorer son train de vie. Pendant les semaines avant l'examen, il était en proie à des vertiges, ce qui compromettait sa confiance en lui, car il devait élaguer un arbre entre 20 et 30 m. Stressé par la peur de l'échec, il a réagi aussitôt négativement, en se disant que c'était trop haut, trop dur, il se voyait déjà en train d'échouer. Son attitude contrariée, son comportement peu enjoué, ses pensées noires et son mutisme : c'était son auto-sabotage. Qu'aurait-il pu faire ? Il aurait pu éviter de comparer son arbre à ceux des autres, croire en ses capacités, car c'est un très bon forestier, et se concentrer sur les bienfaits de l'élagage pour l'arbre au lieu de penser à ses concurrents. Il a été recalé à cet examen. Suite à cette expérience, il a décidé de fonctionner différemment. Nous avons travaillé pour **améliorer sa vision des événements, lâcher la pression** et nous avons cherché quelles étaient les petites phrases d'auto-sabotage qu'il se répétait en boucle pour les contrecarrer. Et bonne nouvelle, aujourd'hui, mon ami est forestier en chef. »

3 CHOIX S'OFFRENT À VOUS :

a) je décide de changer face aux difficultés

b) je ne crois plus en mes pensées négatives

c) je ressasse en boucle mes échecs pour les reproduire à l'infini et au-delà.

Réponses a et b : Vous avez tout pigé.
Réponse c : Prenez le temps de relire le conseil du jour.

Je prends un stylo

Et je m'exprime

« Nous sommes une génération de tablette, téléphone portable, ordinateur, où le numérique est *in* et l'écriture sur papier *out*. À moins de collectionner les stylos, on écrit de moins en moins, et pourtant, l'écriture à la main a un impact incroyable sur notre cerveau. À partir du moment où vous écrivez, vous êtes beaucoup plus en alerte, vous repérez dans l'environnement ce dont vous avez besoin, vos actions et capacités sont au taquet, vous êtes beaucoup plus investi, bref, vous vous donnez à 200 % et vous devenez un **détecteur de solutions.**
L'avantage d'écrire et de poser sur papier notre ressenti est de prendre du recul. On se relit, on prend conscience et on fait le vide. Personne ne nous juge, c'est **entre nous et nous.** Les choses sont claires, franches et authentiques. Écrire dans un journal peut s'avérer libérateur. »

Un stylo en main = un cerveau malin

Il est indispensable de vous exprimer par écrit, car vous mobilisez beaucoup plus votre cerveau. Les différents sens sont engagés : la vision, l'audition quand vous lisez à voix haute, même le toucher avec le stylo en main et l'odorat par l'odeur du papier. Vous mettez en place une équipe gagnante pour vous aider dans les différents domaines de votre vie. Écrire ne veut pas dire ne plus s'exprimer à l'oral : dire les choses, communiquer est une étape aussi importante que de s'exprimer à l'écrit.

C'est mon histoire

« J'ai fait cet exercice au cours de ma formation de coach. Je me suis écrit une lettre pour mon moi de 80 ans, en racontant mon parcours. Cette lettre m'a permis de me visualiser, d'oser mettre en place des choses, de donner raison à cette vérité que j'avais imaginée de moi et que je racontais à mon moi de 80 ans. Dans cette lettre, j'ai calmé mes démons, j'ai affronté mes peurs, je me suis valorisée, j'ai tout osé. Cette lettre m'a donné confiance : j'avais l'impression que ce que j'écrivais, je l'avais vécu réellement. C'est un exercice formidable et vraiment bluffant. »

Êtes-vous prêt ? Go !!!

1. Faire son propre Notebook

Racontez-vous, tenez un journal, exprimez-vous, que vous ayez des choses à partager, des problèmes à résoudre, des plans à faire, des exercices à mettre en place, une déclaration à rédiger…

Mettez les choses au clair. Ce qui est brouillon dans la tête devient clair sur une feuille !

2. Exercice de style

➡ Écrivez-vous une **lettre,** la plus positive possible. Faites appel à votre imagination. Qui voulez-vous être : chanteur, danseur étoile, aventurier, chef d'entreprise, artiste peintre, assistant de direction, entrepreneur, coach, charmeur de serpent, animateur de télévision, acteur, sportif, toiletteur pour chiens… ?
Tout est possible. Racontez vos réussites, décrivez-vous, votre ressenti, des infos santé sur vous, le sens de votre vie, ce que vous faites, tout ce qui vous passe par la tête du moment que c'est positif ! Visualisez-vous dans un environnement idéal. **Tout est permis !**

➡ Adressez cette lettre à vous-même dans 3 ans. Une fois la lettre rédigée (ce n'est pas grave si vous avez mis une semaine pour l'écrire), mettez-la dans une enveloppe et envoyez-vous-la. Le jour où vous la recevrez par la poste, ne l'ouvrez pas et rangez-la précieusement. Vous ne l'ouvrirez que **dans 3 ans,** si vous en avez envie.
Votre challenge : sortez du schéma catastrophe dans lequel vous vous êtes installé depuis longtemps.

3 CHOIX S'OFFRENT À VOUS :

a) j'écris mes moments difficiles dans un journal intime

b) je fais une thérapie

c) je continue à me détester pour digérer ma douleur

Réponses a et b : Vous avez tout pigé.
Réponse c : Prenez le temps de relire le conseil du jour.

Vous avez assez écrit pour aujourd'hui,

sortez vous aérer !

Vivre avec ses EX

« Un EX dans sa vie, c'est la meilleure chose qui puisse nous arriver, à condition qu'il ou elle soit bienveillant(e), agréable, qu'il ou elle prenne soin de nous, nous booste, nous permette de nous remettre en question, nous aide à avancer. Personnellement, je sème des EX autour de moi, car un seul ne suffit pas !

Ah oui, vraiment, non pas un, mais plusieurs EX à garder sous le coude ! Quand c'est fini, c'est fini, non ?

Attendez, je crois que ce n'est pas clair : quand je parle d'EX, ce ne sont pas les EX-petit(e)s ami(e)s, EX-collègues, EX-ami(e)s… **EX,** ce sont les 2 lettres que j'aime voir au début de certains mots. J'en ai dénombré 326 dans *Le Larousse de poche* et j'en ai sélectionné certains que j'utilise comme une « pincée de **boost** » pour me donner l'envie furieuse d'avancer dans la vie. »

Le grand livre de mes EX :

EXaltation : C'est la joie pure ! À quand remonte votre dernière très grande joie ?
➡ *Pour moi, c'était d'apprendre que mon amie Amandine partait vivre à Marseille. J'étais tellement heureuse pour elle !*

EXaucer : Je fais tout pour réaliser mes vœux ! Posez-vous la question : quel vœu souhaitez-vous voir exaucer ?
➡ *Il ne se passe pas une journée sans que je ne fasse un vœu pour les autres, pour moi, peu importe ! Plus j'ai d'envies, plus je suis en vie.*

EXcentrique : Votre originalité, c'est votre différence. Sans chercher à tout prix l'excentricité folle, ce sont toutes ces petites choses qui vous apportent du fun dans la vie.
➡ *J'adore les chaussures colorées, c'est mon petit côté original.*

EXclamation : Il y a des cris de guerre, eh bien moi, je préfère les cris de joie !
➡ *Mon cri de joie, c'est YESSS !*

EXécution : Avoir des rêves plein la tête, vouloir des choses, changer le cours de sa vie, commencer une nouvelle activité, se dépasser, être plus serein, heureux… Le passage à l'action est indispensable pour réaliser ses projets : il faut mettre son plan à exécution !

EXemplaire : Servir de modèle pour nos enfants est beaucoup plus facile que de leur imposer une attitude, une façon de faire, une façon d'être… Comment peut-on dire aux autres de faire et d'être ce que nous ne représentons pas nous-mêmes ? Soyez un exemple.
➡ *Entendre des personnes dire « j'aime les gens », puis les critiquer quand ils sont absents ! Optez pour un peu plus de cohérence entre vos pensées, paroles et actes.*

EXercice : S'exercer, c'est à la fois l'entraînement et la répétition pour instaurer de nouvelles choses (comme de nouveaux rituels bénéfiques le matin) et c'est aussi bouger son corps, faire de l'exercice.

EXister : C'est être en vie ! Êtes-vous certain d'avoir cette sensation forte d'être en vie ? Parfois, nous nous comportons comme des morts-vivants, nous ne vibrons plus et nous nous laissons submerger par les problèmes.

Jour
19

EXpansion : Je vois les choses en grand ! J'aime l'idée que, quand on met en place un projet, peu importe le domaine, on se donne la possibilité de le voir grandir.

EXpérience : L'expérience vient avec le temps, la pratique et l'observation. L'expérience est un cadeau de la vie. Si elle ne sert pas aujourd'hui, elle pourra vous être utile plus tard, pas de doute !

➡ *À 17 ans, mes parents m'ont inscrite à des cours de dactylo. Mais moi, je voulais être infirmière ! Maintenant, je sais taper à l'ordinateur les yeux fermés.*

EXpert : Celui ou celle qui connaît très bien les choses grâce à sa pratique. Je suis experte en mes valeurs, je me connais très bien, aussi bien dans mes bons côtés que dans les plus sombres. C'est une grande force qui aide à avancer et à se sentir bien dans sa tête et dans son corps.

➡ *Dans quel domaine êtes-vous expert ? Si vous vous dites expert en déprime, en stress, en timidité… Servez-vous de votre expérience pour la partager et aider les autres !*

EXplication : Pourquoi souffrir et ruminer dans votre tête quand on peut demander une explication ? Vous avez la sensation qu'on vous évite ? Qu'on vous ment ? Qu'on vous délaisse ? C'est normal de vouloir comprendre : demandez une explication.

➡ *Une amie devait me téléphoner la semaine dernière, et comme je n'avais pas d'appel en absence, je me suis permise de l'appeler pour en savoir plus, au lieu d'imaginer le pire. En fait, elle était partie en mission pour son travail et n'avait pas une minute à elle.*

EXploit : On ne vise pas les Jeux olympiques, juste des prouesses, petites ou grandes, au quotidien, dans notre famille ou avec nos amis.

➡ *Mon dernier exploit, c'était descendre en tyrolienne lors d'un parcours d'aventures en forêt, en famille.*

EXtase : Devant quoi aimez-vous vous extasier ? Une fleur, un paysage, une belle journée, la pluie, un animal, un son…

➡ *J'adore les girafes, je pourrais les observer pendant des heures. Au quotidien, ce n'est pas facile à trouver, alors devant ma fenêtre, j'ai un cerisier du Japon, c'est un arbre magnifique quand il est en fleur.*

EXtraordinaire : Chaque jour, vous faites des choses extraordinaires. Pas la peine de soulever des montagnes pour ça, il suffit de faire une petite chose inhabituelle et qui vous fait du bien. Chaque fois que j'utilise ce mot, tout me paraît grandiose, même la plus petite des choses.

➡ *Je me suis fait un smoothie maison ce matin, c'était extraordinaire !*

Mes EX sont nombreux :

EXact : parlez juste.
EXaltant : ce qui nous rend vivant.
EXamen : apprenez à observer.
EXcentrer : sortez du cadre.
EXceptionnel : vous êtes unique, ne l'oubliez pas.
EXcuses : à vous de les faire ou d'en demander.
EXhortation : les encouragements sont essentiels pour avancer.
EXiger : ne vous laissez pas faire !
EXpirer : soufflez un bon coup !
EXplorer : partez vers l'inconnu.
EXprimer : vous en avez des choses à dire !
EXtérieur : sortez du cadre !
EXtrême : dépassez vos limites.

À vous !

➡ Quels sont ces EX qui vous motivent, vous guident dans la vie et vous donnent la force d'avancer ?

…………………………………………………………………………………………

…………………………………………………………………………………………

…………………………………………………………………………………………

…………………………………………………………………………………………

➡ Dans la liste précédente, quels sont les EX qui vous correspondent ?

➡ Quels sont les EX que vous pourriez apporter à votre vie ?

3 CHOIX S'OFFRENT À VOUS :

a) je me sens EXceptionnel

b) je suis un EXpert EXcentrique EXtasié

c) je suis EXténué

Réponses a et b : Vous avez tout pigé.
Réponse c : Prenez le temps de relire le conseil du jour.

Je dis STOP à l'auto-insulte

« *Je suis nul, je suis trop gros, je suis incapable, bon à rien…* Et j'en passe ! Sortez une pancarte pour le clamer haut et fort tant que vous y êtes ! Qui ne s'est jamais maltraité de la sorte ? Qui ne s'est jamais dit ce genre de paroles tellement dégradantes qu'on ne l'accepterait jamais de la part des autres ? Vous devez **cesser ce carnage**. Comment voulez-vous avoir du respect pour vous en vous insultant de cette façon ? Pas d'excuses, pas de « c'est pour rire », c'est l'heure d'arrêter.

➡ Nous avons déjà abordé ce problème, comment faire toujours des choix en vue de notre bien-être. »

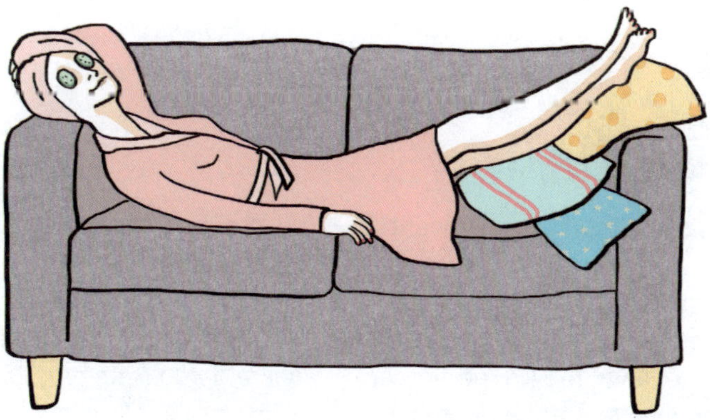

Bichonnez-vous, les amis, rendons notre état interne harmonieux !

Petite expérience scientifique

Connaissez-vous Masaru Emoto ? C'est un Japonais, né en 1943, qui a fait des expériences sur l'influence de nos pensées, de nos mots, sur l'énergie qu'on dégage envers les autres et nous-mêmes. Il a tenté de démontrer comment nos pensées peuvent avoir un impact sur les molécules d'eau. (Petit rappel : notre corps est composé de 60 % d'eau.) Il avait préparé plusieurs contenants avec de l'eau. Un premier groupe de récipients recevait en offrande de la musique classique, des mots d'amour et des compliments. Le second groupe, de la musique punk-hard rock, des messages de dénigrement, des insultes et des mots haineux. Dans le premier groupe, l'eau avait des formations de cristaux harmonieux et, dans le second groupe, des formations de cristaux désordonnés.

Peu importe ce qu'on pense de cette expérience, je suis persuadée que le dénigrement nous rend malade, nous pourrit de l'intérieur, alors que la valorisation, les compliments, l'amour des uns pour les autres nous embellissent, nous donnent de l'énergie et nous rendent plus confiants.

C'est mon histoire

« Depuis trois ans (c'est assez récent), je ne m'insulte plus. Du coup, quand je vois quelqu'un qui s'insulte, je suis choquée. Ce qui est surprenant, c'est qu'on emploie le verbe ÊTRE pour s'insulter, comme **si notre identité se résumait au fait d'être** gros, être bête… Si je devais me présenter, je dirais volontiers : *Je suis Anna, je suis généreuse, à l'écoute, très empathique et proche de ma famille, une mère de deux enfants, une amie fidèle…* C'est beaucoup plus positif que de se lancer dans le dénigrement ! »

Êtes-vous prêt ? Go !!!

Comment se voir en positif ?

1. Faire son portrait

➡ Écrivez 10 mots POSITIFS qui décrivent qui vous êtes :

1. .... 6. ....
2. .... 7. ....
3. .... 8. ....
4. .... 9. ....
5. .... 10. ....

Vous avez du mal à trouver les mots ? Entourez ceux qui vous correspondent dans cette liste : formidable, extraordinaire, fabuleux, drôle, enjoué, rieur, doux, gentil, agréable, fidèle, beau, artiste, sympa, indépendant, attentif, serviable, disponible, à l'écoute, courageux, mère, père, frère, sœur, généreux...

➡ En quoi est-ce important de savoir qui vous êtes ?

....

....

....

➡ Qui est-ce que vous voulez être ?

....

....

....

➡ Quels moyens est-ce que vous vous donnez pour devenir cette personne ?

....

....

....

....

2. Se faire du bien

➡ Trouvez un joli bocal, placez-le dans un endroit en évidence, sur le réfrigérateur ou sur votre bureau, avec un bloc-notes et un crayon à l'intérieur.

➡ Chaque jour, écrivez un mot gentil sur vous, en commençant par « je suis ».
Exemples : *Je suis gentil, magnifique, humain, doux, agréable.*

À vous de trouver les vôtres :

....

....

....

....

....

....

....

....

....

Bonus

Mettez 1 euro dans une tirelire à chaque auto-insulte. Au bout d'un mois, faites le compte. Il y a fort à parier que vous pourrez vous acheter un super cadeau. Une fois le réflexe d'auto-reformulation positive installé, les auto-insultes chez les autres vous choqueront et vous leur direz : *Mais pourquoi t'insultes-tu ?*

Vous êtes magnifique, bravo d'être arrivé jusque-là !

3. Stop à l'auto-insulte

Accepteriez-vous de vivre avec quelqu'un qui vous insulte 24 h/24, 7 j/7 ? Si la réponse est non, sachez que c'est ce que vous faites probablement tous les jours, avec des « qu'est-ce que je suis bête, nul, gros, bon à rien… » Désormais, à chaque fois que vous vous insulterez ou que vous prononcerez des paroles injustes envers vous, **rectifiez immédiatement le tir** en disant STOP et transformez vos insultes les plus fréquentes en **mots gentils ! L'auto-insulte est inacceptable*.** Arrêtez donc de vous envoyer des missiles. Ce sont des bombes à mauvaises ondes.

Exemples :

- *Je suis trop bête* devient : *Je n'y ai pas pensé.*
- *Je suis nul* devient : *Non, je suis intelligent, je n'ai pas vu.*
- *Je suis gros* devient : *Non, j'ai des kilos protecteurs et cela ne définit pas la personne formidable que je suis.*
- *Je suis bon à rien* devient : *Non, je vais faire autrement pour y arriver.*

* *Amandine Capdeville, coach.*

➡ À vous :

....

NON ! Dites plutôt : ....

....

NON ! Dites plutôt : ....

....

NON ! Dites plutôt : ....

3 CHOIX S'OFFRENT À VOUS :

a) stop à l'insulte envers moi

b) je note mon premier mot gentil et je le place dans mon bocal

c) j'investis dans un fouet (je suis maso !)

Réponses a et b : Vous avez tout pigé.
Réponse c : Prenez le temps de relire le conseil du jour.

Victime, sauveur ou bourreau ?

« Ce que nous avons vécu auparavant nous conduit à être à tour de rôle : victime, sauveur ou bourreau. Pour s'en sortir la prise de conscience est indispensable, ainsi que la responsabilisation.

Rôle n° 1 : la victime

La victime est le vilain petit canard, impuissant, fragile, craintif, c'est le bouc émissaire, c'est la personne la plus ma heureuse de la terre, qui se sent exclue en permanence dans le milieu amical ou professionnel. Tout rate toujours à cause de lui, on le quitte plutôt qu'il ne quitte, il accumule les erreurs. Sans s'en rendre compte, il se positionne en victime.

Son entourage a beau essayer de le soutenir et de lui tendre la main, rien n'y fait. Peut-être que ce rôle lui plaît ? Pourquoi changer ?

Rôle n° 2 : le sauveur

Le sauveur est toujours là, très fort pour donner son avis de sauveur : il protège la veuve et l'orphelin. Il sait tout faire, il parle bien, il sait régler les problèmes. C'est le pilier de la maison. Sans lui, tout est perdu. Il est généreux, disponible. C'est le Robin des bois de service, et sa mission consiste à sauver tout le monde. Il mène le combat de front, rien ne l'arrête. Mais, à force de donner,

il perd de son énergie. La reconnaissance n'est pas forcément au rendez-vous, mais peu importe, il croit en son devoir de sauver la situation. Il surprotège la victime et crée de la dépendance.

Rôle n° 3 : le bourreau

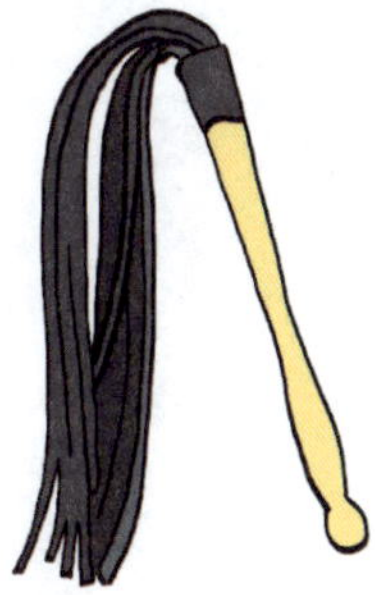

Quand le bourreau ne supporte pas la situation qu'il a sous les yeux, il ne se plaint pas (ce que ferait la victime), il n'aide pas (comme le sauveur), mais il tape du poing pour dire STOP. C'est « le méchant », il est donneur de leçon, sans cœur, sévère, cassant. Il nous fait souvent peur : il crie, critique et dévalorise. »

Ma petite lumière scientifique

C'est Stephen Karpman, un psychologue américain, qui a mis en évidence ce triangle négatif (appelé « dramatique ») que l'on installe inconsciemment dans nos relations avec les autres. Il est important de se sortir de ce triangle infernal pour retrouver la liberté et ne pas rester dans des situations de souffrance.

QUEL GENRE D'ACTEUR ÊTES-VOUS AU SEIN D'UNE RELATION ?

- [ ] Superman
- [ ] Joker
- [ ] Calimero

QUEL RÔLE JOUEZ-VOUS DANS VOTRE RELATION AFFECTIVE ?

- [ ] victime
- [ ] sauveur
- [ ] bourreau

Êtes-vous prêt ? Go !!!

Comment se débarrasser de ces étiquettes ?

1. Vous êtes victime

Un bourreau, un persécuteur déclenchera une dispute, il vous accusera pour son erreur, il vous donnera tous les torts, il sera dans la critique.
Peu importe ce que fait le bourreau : ne réagissez pas. S'il vous lance une flèche en plein cœur, ne lui faites pas ce plaisir de l'avoir remarqué. C'est une ruse pour vous affaiblir et vous détruire. Dites-vous :
- *C'est son problème s'il me trouve énorme, stupide, lent, inefficace…*
- *Ses critiques glissent sur moi.*
- *Ce sont ses propres souffrances qu'il me lance en pleine tête.*

➡ Notez ici la façon dont le bourreau s'y prend :

....

....

....

➡ Que dit-il ? Que fait-il ?

....

....

➡ En quoi ce qu'il a dit vous a fait réagir ?

....

....

➡ Si vous n'avez-pas réagi, pourquoi ?

....

....

Comment sortir de mon rôle de victime :

- Je n'accuse pas l'autre.
- Je me responsabilise.
- Je n'accepte pas tout.
- Je dis les choses.
- Je prends conscience de mon rôle.
- J'adopte un autre comportement.

➡ En quoi suis-je responsable ? ....

....

➡ Comment puis-je assumer ce qui m'arrive ? ....

....

➡ Comment positiver ma situation ? ....

....

2. Vous êtes sauveur

La victime peut vous faire réagir en se plaignant d'une douleur imaginaire ou en amplifiant une douleur existante : elle cherche à réveiller le sauveur qui est en vous. Et c'est parti pour un tour de ping-pong entre vous.

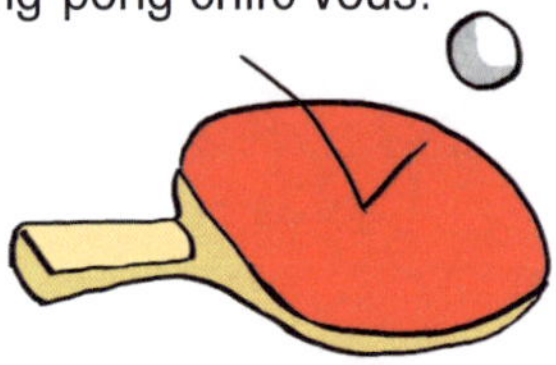

À votre avis, en tant que sauveur :

➡ De quoi la victime a-t-elle besoin ?

....

....

➡ Veut-elle vraiment votre aide ?

....

....

....

➡ Votre aide lui est-elle utile ?

....

....

➡ Avez-vous réglé son problème définitivement ?

....

....

➡ Interdisez-vous de lui donner la solution clé en main ! Comment la laisser trouver ses propres solutions ?

....

....

➡ Que vais-je lui dire la prochaine fois qu'elle sera dans la même situation ?

....

....

....

....

....

....

➡ Comment ne pas rentrer dans son jeu ?

....

....

....

....

....

....

➡ Qu'est-ce que je recherche en l'aidant ?

....

....

....

....

....

....

On arrête les dégâts et on prend conscience qu'il y a d'autres façons de fonctionner.

C'est mon histoire

« À la naissance de ma fille, j'ai fonctionné dans ce trio infernal de la victime/du sauveur/du bourreau. Elle était la **victime** : elle n'avait jamais sommeil et faisait des comédies pas possibles pour ne pas dormir et être prise dans les bras. Moi, j'étais la **sauveuse** qui refusait de l'entendre pleurer et mon mari était le **bourreau** qui haussait le ton et voulait qu'elle dorme pour qu'on ait un peu d'intimité. L'entrée en crèche a réglé la situation. J'avais besoin de conseils et je devais apprendre à Emma à trouver son rythme, sans céder à tous ses caprices. J'ai dit à Emma que je ne la prendrais pas dans les bras, que j'étais fatiguée et qu'elle devait s'endormir pour qu'on passe une belle journée ensemble. Cela a été magique, Emma a compris. Quatre mois après mon accouchement, j'ai pu enfin dormir une nuit complète. »

Comment sortir de mon rôle de sauveur :

- Je n'ai pas à me sacrifier pour les autres.
- Je n'ai pas à sauver ni à changer les autres, aider à tout bout de champ n'est pas forcément ma mission de vie.
- J'arrête de croire que tout le monde a besoin d'aide.
- Je ne suis ni leur père ni leur mère : je me replace dans un rapport d'adulte à adulte.
- Je peux être aimé pour ce que je suis, pas pour l'aide que j'apporte.

3. Vous êtes bourreau

Si vous êtes un bourreau, le sauveur tentera de vous changer, et parfois, il sera votre allié. Mais ce jeu malsain ne vous donne pas le bon rôle.

➡ Avez-vous conscience de votre impact auprès de victimes ?

....

....

➡ Sous couvert de donner des leçons, de critiquer, d'être autoritaire, qu'essayez-vous d'étouffer, de prouver ? De quoi avez-vous peur ?

➡ Avez-vous été dans le rôle de la victime par le passé ?

➡ Comment sortir de mon rôle de bourreau ?

3 CHOIX S'OFFRENT À VOUS :

a) je prends conscience de mon rôle

b) j'adopte un rapport d'adulte à adulte

c) je m'imprime un diplôme de victime officielle ou de sauveur de la planète, ou de bourreau *forever*

Réponses a et b : Vous avez tout pigé.
Réponse c : Prenez le temps de relire le conseil du jour.

Mon bilan de la semaine n° 3

« Vous avez bien avancé, vous êtes encore là, je ne vous ai pas perdu en route, c'est parfait ! Depuis le début de notre collaboration, vous en avez écrit des mots, des phrases, des textes. Vous avez consacré chaque jour un petit moment pour lire cet ouvrage. C'est une bonne chose, car vous avez créé de nouvelles connexions neuronales à force de répétition et d'entraînement. Vous allez avoir très vite la médaille du *performer*… Quel talent ! Il en faut de la volonté pour mettre en place tous ces exercices. Vous êtes **top,** profitez-en pour aider les autres à en faire autant, ils vous remercieront de ce coup de pouce. »

Bilan global :

Qu'est-ce que j'ai appris lors de cette troisième semaine ?

....

....

Quels ont été les objectifs que j'ai mis en place ?

....

....

....

Quelles difficultés ai-je rencontré ?

....

....

....

Quelles solutions ai-je trouvé pour réussir les exercices ?

....

....

Quels bénéfices ai-je obtenu ?

....

....

Comment est-ce que je me sens ?

....

....

Pourquoi est-ce important pour moi de persévérer ?

....

....

Jour 15. JE VIS AVEC MES BLESSURES PASSÉES

1. Ai-je fait ami/ami avec ma blessure du passé ? ☐ oui ☐ non

2. Comment l'ai-je nommée ?

3. Est-ce que ma « nouvelle meilleure amie » est envahissante ? ☐ oui ☐ non

4. Est-ce que je me sens un peu soulagé de la savoir près de moi ? ☐ oui ☐ non

5. Comment est-ce que je vis cette nouvelle collaboration/amitié ?

6. Quel(s) changement(s) par rapport à avant ?

Jour 16. JE CALME MON EGO

1. Est-ce que j'ai fait « la réunion de famille » avec tous mes « je » ? ☐ oui ☐ non

2. Que m'ont appris ces petites voix internes ?

3. Qu'ai-je décidé quand elles se sont mises à argumenter et à donner leur avis ?

4. De quoi suis-je le plus fier ?

Jour 17. HALTE À L'AUTO-SABOTAGE !

1. Quand est-ce que je me suis auto-saboté la dernière fois ?

2. Qu'ai-je mis en place pour éviter l'auto-sabotage ?

3. L'exercice a-t-il été efficace ? ☐ oui ☐ non

4. De quoi ai-je pris conscience ?

5. Pourquoi est-ce important pour moi ?

Jour 18. JE PRENDS UN STYLO

1. Quels ont été les événements, les ressentis, les stratégies que j'ai exprimés par écrit ?

2. En quoi cela a-t-il été positif ?

3. Combien de temps cela m'a-t-il pris ?

4. Quel a été le meilleur moment pour écrire ?

5. Qu'est-ce que cela m'a apporté, réellement ?

Jour 19. VIVRE AVEC SES EX

1. Quelles ont été mes plus belles joies/exaltations ces derniers temps ?

2. Quels ont été mes derniers exploits ?

3. Est-ce que je sais que je suis extraordinaire ?
☐ oui ☐ non

4. Quels sont mes EX dans ma nouvelle vie ?

5. Qui sont les personnes exceptionnelles dans ma vie ?

6. Fuyons les personnes exécrables ! Qui sont-elles ?

Jour 20. JE DIS STOP À L'AUTO-INSULTE

1. Par quel(s) autre(s) mot(s) ai-je remplacé la ou les insultes que je m'adressais ?

2. Ai-je pris conscience du nombre de fois où je m'insulte ? ☐ oui ☐ non

3. Est-ce que j'ai progressé ? ☐ oui ☐ non

4. Si oui, super ! Si non, vous êtes en mesure de créer un nouveau réflexe. Faites-vous un mémo !

Jour 21. VICTIME, SAUVEUR OU BOURREAU ?

1. Dans quel rôle me suis-je longtemps trouvé ? ☐ victime ☐ sauveur ☐ bourreau

2. Quel serait l'avantage pour moi de changer de rôle ?

3. Qu'est-ce qui a fait écho en moi à la lecture de ce chapitre ?

4. Qu'ai-je mis en place pour changer ?

5. Comment est-ce que je me sens ?

6. Comment a réagi mon entourage ?

Je tiens à vous féliciter :

depuis 3 semaines, vous sortez de votre zone de confort, vous osez le changement. Beaucoup n'ont pas encore passé ce cap. C'est un sacré pas de géant que vous venez de faire avec ces petits pas mis en place depuis le début de cette aventure. Vous n'imaginez même pas avec quelle vitesse vous évoluez.

CHAQUE JOUR, VOUS DEVENEZ PLUS FORT, PLUS ROBUSTE GRÂCE À VOTRE PERSÉVÉRANCE ET À VOTRE TÉNACITÉ.

Jour 22

J'apprends de nouvelles choses

Je stimule mon cerveau !

« On se plaint toujours de ne pas avoir assez de connaissances. Mais qu'est-ce qui nous empêche d'en savoir plus ? Vous pouvez lire, écouter, chercher, vous documenter, faire des formations, apprendre, observer… des tas de façons différentes pour stimuler votre cerveau. Il aime ça, profitez-en !
Le savoir, c'est une des choses qui se partage et qui se multiplie à l'infini : vous apprenez quelque chose, vous le dites à votre entourage, vous y amenez une information personnelle, vous partagez l'information, et bing, elle se multiplie sans limite. »

QUELLES SONT VOS FAIBLESSES ?

- ☐ L'orthographe
- ☐ La prise de parole en public
- ☐ La cuisine
- ☐ La mécanique
- ☐ Les travaux manuels
- ☐ Le maquillage
- ☐ Les maths
- ☐ La décoration intérieure
- ☐ Le sport
- ☐ Autres : ………………………………………

Il y a toujours des solutions. Quand on n'aime pas lire, on peut découvrir un livre en version audio. Quand on n'est pas un expert en orthographe, il y a des sites pour vous permettre de progresser. Vous ne savez pas trop cuisiner, entrez dans une librairie ou regardez des vidéos sur YouTube, vous trouverez votre bonheur. À l'ère du numérique, toutes les informations, dans tous les secteurs, sont disponibles **en restant chez soi !** Avec l'envie, on arrive à tout, mais encore faut-il accepter d'être d'abord un **débutant !**

Ciblez vos apprentissages

➡ Dans quel(s) domaine(s) est-ce que j'aimerais en savoir plus ?

....

....

....

➡ Qu'est-ce qui m'empêche d'apprendre ?

....

....

....

....

➡ Par quoi est-ce que je peux commencer ?

....

....

....

➡ Où trouver des informations sur le sujet que j'aime (gratuites ou payantes) ?

....

....

....

Jour 22

➡ Quels sont les livres, vidéos, formations qui existent pour débutant ?

➡ Si je ne sais pas, où puis-je me renseigner ?

➡ Quelles sont les personnes de mon entourage qui pourraient me diriger et m'aider à apprendre ?

➡ Si j'apprends de nouvelles choses, quels avantages vais-je en tirer ?

➡ En quoi est-ce important pour moi de me former et d'apprendre ?

Le saviez-vous ?

Plus votre corps est en mouvement, mieux il mémorise. Lire en marchant, en chuchotant ou en faisant des mouvements de tête active le cervelet et vous permet de mémoriser beaucoup plus.

C'est mon histoire

« J'avais 18 ans quand mes parents m'ont envoyée en voyage organisé à l'étranger avec de jeunes étudiants "intellos" âgés de 22 à 28 ans. J'ai vécu l'enfer… 3 jours inoubliables dans la catégorie cauchemar. Des débats étaient organisés, des groupes de parole, des déjeuners où tous ces jeunes refaisaient le monde, et moi, j'écoutais sans rien comprendre. C'était horrible, ils employaient des mots que je n'avais jamais entendus de ma vie. Le pompon, c'est quand on m'a demandé mon opinion : je me sentais tellement nulle, pas à la hauteur, un cerveau vide, un manque de culture, que j'en aurais pleuré. Tous ces regards sur moi furent aussi douloureux qu'une centaine de coups de couteau. J'en ai longtemps voulu à mes parents de m'avoir forcée à faire ce voyage. Je n'étais pas du tout à ma place et, au retour, j'avais une estime de moi au plus bas. Ce jour-là, je me suis promis de ne plus revivre cette situation quoi qu'il arrive. Moi qui ne m'intéressais à rien, à part ma petite vie d'ado, les dessins animés et les séries télévisées, j'ai décidé de changer. Dans les domaines que j'aimais, j'ai amélioré mes connaissances, j'ai pris des informations autour de moi, j'ai lu beaucoup, j'ai travaillé mes points forts et amélioré mes points faibles. Avec du recul, je n'aurais jamais mis en place tout cet apprentissage si je n'avais pas vécu cette humiliation publique.
En fait, **la vie m'a fait ce cadeau pour que je me bouge le cerveau.** Je n'ai toujours pas une culture générale topissime, d'ailleurs, j'admire les personnes qui sont de véritables encyclopédies. »

Nous avons toute notre vie pour apprendre, évoluer et prendre de l'assurance.

Ma petite lumière scientifique

Les chercheurs en neurosciences ont démontré que, plus on stimule son cerveau, plus il est performant. Il n'est jamais trop tard. Ce qui crée de nouveaux neurones, c'est la répétition.
Au bout de 15 jours d'apprentissage, si nous ne pratiquons pas ce que nous avons appris, nous perdons 80 % de ce qui a été acquis (c'est pourquoi il faut éviter de rater trop de cours de zumba : vous oublierez la chorégraphie…).
Ce guide vous permet de changer en 30 jours, mais il vous faudra quelques mois de plus pour renforcer vos nouveaux acquis (c'était la mauvaise nouvelle du jour).
Par ailleurs, plus on étudie de choses différentes, plus on rencontre de personnes nouvelles.

Êtes-vous prêt ? Go !!!

Comment procéder ?

1. Arrêter de dire ces phrases toutes faites

« Je sais pas faire ! »

➡ Tout s'apprend, les amis ! Moi non plus, je ne sais pas faire si on ne me montre pas ! Demandez-moi de changer la roue d'un vélo : en une seconde, je passe pour une incompétente. Apprenez-moi et je saurais le faire.

« Je suis nul en informatique »

➡ Entre programmer un logiciel et ouvrir un compte YouTube, il y a toujours moyen de progresser. Des tutoriels sont à votre disposition pour vous dépanner.

« Je ne sais pas cuisiner »

➡ Commencez par des recettes faciles, rien d'impossible quand on a le bon mode d'emploi.

« Je n'arrive pas à parler en public »

➡ Il y a des pistes, des aides, des conseils, un savoir-faire, et un savoir-être (des coachs peuvent vous y aider !).

2. Apprendre 2 choses supplémentaires par jour

Peu importe le domaine ou la forme d'apprentissage, apprendre est la règle d'or. Prévoyez 2 mini-apprentissages par jour, soit 14 nouveautés par semaine, 728 par an… Sans compter ceux que la vie nous apprend en permanence chaque jour.

Idées de choses à apprendre : un nouveau mot, un titre de livre, lire le résumé d'une biographie d'auteur, voir un tutoriel, une vidéo, un film culte, participer à un atelier, lire ou écouter un livre, participer à une formation…

3. Mettre ses proches à contribution

Demandez chaque jour à une personne de vous apprendre la chose en culture générale qui l'a le plus surprise, étonnée, enrichie. Notez ces nouvelles informations précieusement dans un carnet. Soyez fier de vos efforts pour stimuler votre cerveau !

3 CHOIX S'OFFRENT À VOUS :

a) je stimule mes neurones en découvrant de nouvelles choses

b) je m'informe, je lis, j'apprends tous les jours

c) je me fais la compilation de toutes les saisons des téléréalités

Réponses a et b : Vous avez tout pigé.
Réponse c : Prenez le temps de relire le conseil du jour.

Mon alimentation

pour carburer !

« La nature des aliments que vous consommez a un impact sur votre métabolisme.
Comment mieux faire fonctionner la machine ? Chacun d'entre nous le sait : manger trop gras, trop sucré, boire trop d'alcool ne sont pas les meilleurs comportements à mettre en place. Concernant l'équilibre alimentaire, je vous laisse découvrir les nombreux livres que j'ai écrits à ce sujet pour peaufiner votre savoir. Aujourd'hui, je souhaite aborder la notion de « neurotransmetteur » et ouvrir une petite brèche pour expliquer que tout n'est pas forcément dû au manque de volonté. Et si cela se passait dans notre cerveau, et plus particulièrement au niveau de notre chimie interne, celle qui permet de passer d'un neurone à l'autre pour relayer les messages ? »

Qu'est-ce qu'un neurotransmetteur ?

C'est une molécule qui permet de transmettre des messages entre neurones et qui entraîne divers effets dans nos organes. Il en existe environ 70, mais nous allons nous focaliser sur les plus connus.

L'acétylcholine

Rôle : retenir une information, la garder dans un coin de votre tête et la sortir au moment voulu.

Ses alliés : le jaune d'œuf, les viandes, le foie, les céréales, le germe de blé, le soja, le chou, les radis, le cresson, les navets…

C'est mon histoire

« De 3 à 23 ans, j'ai mangé n'importe quoi, des aliments aussi sucrés que gras, j'étais en surpoids, toujours épuisée. Il est vrai que les frites-saucisses-soda n'ont pas aidé. Un beau jour, j'ai eu le déclic pour changer. J'ai adopté un régime équilibré qui m'a permis de maigrir de 35 kg et de retrouver une pêche d'enfer. J'ai raconté tout ça dans mon livre *Le Journal d'une ex-grosse.* J'aurais pu croire qu'en diminuant mon apport calorique, mes forces disparaîtraient ; au contraire, j'étais pleine d'entrain et de dynamisme. J'ai appris que **la qualité et la variété de mon alimentation avaient un véritable impact sur ma forme et mon mental.** »

La dopamine

Rôles : essentiels ! Contrôler la motricité, favoriser la motivation.

Ses alliés : les aliments riches en protéines tels que le canard, la dinde, l'œuf, certains fromages frais.

Le GABA

Rôle : réguler l'anxiété.

Ses alliés : les sucres complexes comme les lentilles, les haricots rouges, les céréales complètes ; les oléagineux comme les amandes, les noix ; les fruits et légumes comme les bananes et le brocoli ; le poisson comme le flétan.

La noradrénaline

Rôles : favoriser l'attention, les émotions, le sommeil, le rêve, la sociabilité et l'apprentissage.

Son allié : la caféine.

La sérotonine

Rôles : réguler la température interne, aider à s'endormir, éprouver de l'appétit, ressentir la douleur.

Ses alliés : l'avocat, le fromage, le poulet, le canard, les flocons d'avoine, le gibier.

L'adrénaline

Rôle : pousse à agir ; trop d'adrénaline fatigue et provoque des insomnies. Le chocolat (miam !), les noix, les légumes verts et secs, tous riches en magnésium, font baisser l'adrénaline dans notre corps.

Jour 23

Faites le point sur votre alimentation

➡ Consommez-vous les aliments mentionnés ci-dessus qui sont les alliés des neurotransmetteurs ?

☐ oui ☐ non ☐ certains

➡ Si oui, continuez !

➡ Si non, lesquels devriez-vous consommer ?

....

....

....

....

....

C'est peut-être l'heure du goûter,
alors, arrêtez-vous de lire !

3 CHOIX S'OFFRENT À VOUS :

a) j'équilibre mon alimentation

b) je favorise les aliments qui me donneront plus de vitalité et d'énergie

c) je fais toujours la même chose en espérant que ça change

Réponses a et b : Vous avez tout pigé.
Réponse c : Prenez le temps de relire le conseil du jour.

J'ai confiance

en mon intuition

« Combien de fois vous est-il déjà arrivé de faire un mauvais choix, d'être victime d'une arnaque ou d'un beau parleur, de vous lancer dans un projet bancal… Et de vous dire ensuite : *Mais je le savais, je n'aurais pas dû le faire, je n'aurais pas dû lui faire confiance.* Au contraire, après avoir pris la bonne décision, vous vous dites : *Je le sentais bien, j'étais certain, il fallait que j'y aille, c'était le bon, c'était la femme ou l'homme de ma vie, je suis sur la bonne voie…*

Votre intuition vous a guidé, c'est une **force** que vous devriez cultiver le plus souvent possible. C'est votre **GPS interne !** L'intuition est source de solutions, c'est un passage secret dont vous seul avez la clé, c'est le plan de sortie du labyrinthe. L'intuition balaye les doutes, renforce votre conviction. Faites-lui confiance, faites-VOUS confiance ! »

Comment ?

À chaque fois que j'ai eu des décisions importantes à prendre dans ma vie, j'ai fait appel à mon intuition ! Mais comment ? Je me suis posé la question et j'ai écouté **la réponse que me donnait mon cœur.** Je sens que je suis dans la bonne direction, je vibre de l'intérieur, la tempête se calme et la sérénité prend place. Les fois où je me suis trompée, c'est quand j'ai pris une décision ou fait quelque chose sans en être vraiment certaine, pour faire plaisir, par contrainte, par obligation ou parce que je ne voulais pas être jugée, critiquée, ou qu'il fallait rentrer dans le moule. Ça n'a jamais duré, et j'ai rétabli la situation au plus vite.

1. L'intuition, une sensation physique !

J'écoute mon intuition avant de me décider, et ça se traduit physiquement par un pincement, une chaleur, une douleur interne qui me remonte vers le cou, quelquefois des palpitations. J'ai du mal à déglutir ou, au contraire, je suis zen, calme, apaisée : j'ai comme la sensation que mon corps et mon esprit savent par avance ce qui est bon pour moi.

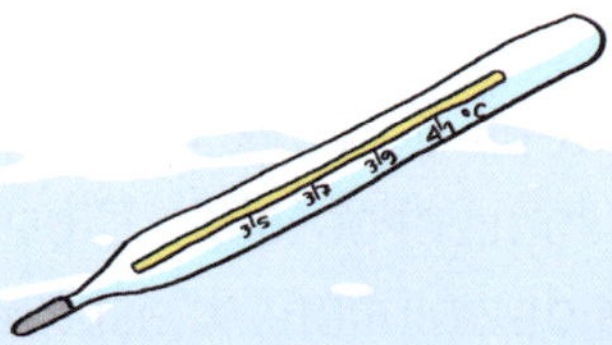

C'est mon histoire

« Enceinte de ma fille, après un samedi un peu mouvementé, mon fils de 5 ans s'est mis à se plaindre des oreilles. Comme l'otite était fréquente chez nous, j'avais toujours les premières gouttes d'urgence pour limiter la douleur. Sauf que, cette fois-ci, la douleur n'était pas la même, elle se situait au niveau du cou et l'empêchait de bouger la tête.
Ni une ni deux, direction les urgences où le médecin de garde nous annonce un torticolis. *Vous êtes sûr docteur ?* On rentre à la maison, mon fils est très fatigué et fiévreux. La situation ne me disait rien qui vaille. Une heure plus tard, nous sommes allés dans un autre hôpital. Je sens qu'il est malade, et que c'est plus grave qu'un torticolis. Le second diagnostic fut rapide : il avait un ganglion et on a dû l'hospitaliser en urgence.
J'avais senti le danger, mon corps, ma tête, mon esprit, **tout mon être me disait qu'il y avait quelque chose de grave.**
Je ne suis pas de nature à me précipiter pour un rien, il m'en faut beaucoup pour réagir, je ne m'affole jamais, je ne stresse pas forcément, mais ce que je sens, c'est quand il faut agir. »

Ma petite lumière scientifique

Les neurosciences sont affirmatives : nous avons tous de l'intuition, plus ou moins développée. L'intuition n'est pas magique, elle est accessible à tous, mais nous ne savons pas vraiment utiliser cette intelligence-là. Être à l'écoute de soi, cela s'apprend, se travaille à chaque instant, car notre ego perturbe le message.

2. Faire un point

Listez 3 moments, événements, situations où vous avez fait un choix que vous regrettez aujourd'hui :

1. ....
2. ....
3. ....

➡ Avec le recul, qu'auriez-vous voulu faire à la place ?

1. ....
2. ....
3. ....

3. Et dans le futur ?

➡ Dans quel domaine de votre vie avez-vous bientôt un choix à faire ?

....

....

....

....

➡ Quel est ce choix ?

....

➡ Quelles alternatives avez-vous ?

....

➡ Si vous n'aviez aucune contrainte, aucune peur, aucune obligation, aucun jugement, si vous étiez libre, heureux et autorisé de faire, de dire, de penser ce que vous voulez sans limite et pour votre bien-être, quelle serait alors votre décision ?

....

....

....

....

Le saviez-vous ?

Étymologiquement, l'intuition vient du latin *in* (en, dans) et *intueri* (contempler), ce qui signifie donc l'acte de regarder attentivement à l'intérieur de soi.

➡ Dès que vous entendez une petite voix dans votre tête, posez-vous la question : *Que me dit mon cœur ?*
Fermez les yeux et répondez à la question.

....

....

....

....

....

3 CHOIX S'OFFRENT À VOUS :

a) je m'écoute réellement

b) je me fais confiance

c) je fonce dans le mur, même si ça fait mal

Réponses a et b : Vous avez tout pigé.
Réponse c : Prenez le temps de relire le conseil du jour.

Je lâche prise !

Ou comment apprendre à relativiser

« Ne pas lâcher prise consiste à s'accrocher à nos problèmes et à reporter en permanence la possibilité d'une pause dans nos malheurs. Quand on ne lâche pas prise, on étouffe, on manque d'air, on vit dans l'insatisfaction, et pourtant, on continue ! C'est plus fort que nous. Et si, au contraire, on cessait la bagarre avec soi-même, on arrêtait de se mettre la pression, on en finissait avec ce passé qu'on ressasse, et surtout, si on trouvait ce qui résiste en nous pour avancer ?
Lâcher sa valise n'est pas chose facile, elle en devient tellement lourde avec les années qu'elle s'est transformée en grosse malle et, bientôt, elle frôle le volume d'un conteneur. »

Le lâcher-prise, qu'est-ce que c'est ?

C'est prendre du recul pour retrouver une bonne énergie. Ne pas lâcher prise est une habitude inconsciente : tout le travail consistera à en prendre conscience pour s'en libérer.

C'est mon histoire

« Pendant plusieurs années, j'étais dans un stress pas possible avec mon fils Anthony. Complètement accro aux jeux vidéo, il passait parfois plus de 15 heures devant l'écran pour jouer à des jeux que j'estimais à l'époque carrément stupides. Je n'en dormais pas la nuit, j'étais en colère et je me sentais impuissante, malgré toutes mes tentatives pour qu'il arrête. Un jour, je me suis dit STOP, c'est sa vie et PAS LA MIENNE. De temps en temps, j'avais des sursauts de colère en moi, surtout lorsqu'il a raté son bac…
Étais-je une mauvaise mère pour cela ? Plutôt que de me blâmer, je suis sortie pour respirer et retrouver ma zen attitude. Et, pour information, aujourd'hui, mon Anthony est responsable en magasin de jeux vidéo, c'est un conseiller extraordinaire que les clients adorent pour son professionnalisme ! »

Comment faire ?

Et si je commençais par me dire : peu importe si la chambre est en désordre, que je n'ai plus le temps de faire les courses, que le dossier n'est pas surligné, que le projet a du retard, que cela ne se passe pas comme je le pensais… Quoi qu'il arrive, lâchez prise sur ce qui vous rend malade. Il y a parfois des choses qu'on ne peut pas changer.

➡ À votre avis, quels sont les avantages à faire la paix avec soi-même ?

Voici quelques astuces pour lâcher prise :

➡ Dites-vous que la vie n'est pas un combat, c'est plutôt une sacrée aventure !

➡ **La musique** aide parfois à lâcher prise, à condition de trouver celle qui vous relaxe !

➡ Entourez-vous de **plantes vertes,** le vert est une couleur apaisante.

➡ Arrêtez de vouloir tout contrôler : même si vous avez tout prévu, il y a souvent un détail qui vous échappera, et le jour J, il faudra bien faire avec. Le monde ne s'écroulera pas pour autant. Vous avez de la ressource !

➡ Acceptez la situation sans vous juger. Rassurez-vous, vos problèmes du soir, vous les retrouverez intacts demain matin ; à quoi bon rester éveillé toute la nuit à cause d'eux ? Profitez d'une bonne nuit de sommeil, parfois, le matin, tout s'éclaircit.

➡ Prenez le temps pour régler les choses. Le temps peut déverrouiller certaines situations. L'important est d'avoir fait de votre mieux. Un coup de fil, une rencontre, un mot... peut tout arranger.

Et si vous bloquez, posez-vous la question : pourquoi je n'arrive pas à lâcher prise ?
Si vous vous accrochez autant, il y a peut-être un besoin caché.
Que m'apprend cette situation, là, maintenant ?

Êtes-vous prêt ? Go !!!

1. Laisser poser

Prenez 2 morceaux de papier. Sur le premier, notez votre problématique du moment. Sur le second, écrivez la situation idéale que vous aimeriez obtenir. Pliez les feuilles et placez-les ensemble dans un tiroir, un sac ou une petite boîte. Laissez agir un moment : il faut que ça mijote. Vous verrez, au fil du temps, des pistes se présenter, sans l'effet Cocotte-Minute du cerveau.

2. Your Voice !

Dessinez sur une feuille un panneau STOP (ou imprimez une image depuis Internet). Dès que vous vous mettez à mouliner dans la tête, sortez physiquement ce stop et mettez-vous à chanter ! Le but de cet exercice est de créer de nouveaux réflexes pour contrecarrer les ondes négatives, les petites voix internes qui se bousculent.

3. En pratique

Dans quel domaine de votre vie avez-vous le plus besoin de lâcher prise ?

■ travail ■ couple ■ famille ■ maison ■ amis ■ santé

➡ Où sentez-vous un blocage dans vos projets ?

....

....

➡ À quoi voyez-vous que vous bloquez ?

....

....

➡ Qu'est-ce qui vous arrange dans le fait de bloquer ?

....

....

➡ Si vous deviez conseiller votre meilleure amie dans une situation similaire, que lui diriez-vous pour lâcher prise ?

....

....

3 CHOIX S'OFFRENT À VOUS :

a) j'apprends à ne plus tout contrôler

b) je m'assieds en étant à l'écoute de ce que je vis, là, tout de suite

c) je m'accroche à mon problème et j'en rajoute un peu plus

Réponses a et b : Vous avez tout pigé.
Réponse c : Prenez le temps de relire le conseil du jour.

Jour 26

Le rire comme thérapie

« Saviez-vous que le rire a un effet **relaxant et régénérant** pour le corps ? Observez comment on se sent bien après une bon fou rire ! La respiration s'accélère, le cœur est stimulé, puis il se calme. Notre corps s'oxygène et nous nous sentons tellement bien ! Les endorphines et autres hormones du bonheur (ocytocine, dopamine…) calment, voire suppriment nos bobos, font disparaître momentanément notre stress, nos peines et notre douleur. C'est le pied, alors riez ! Si cela vous semble difficile au début, fréquentez des personnes qui ont le rire facile et communicatif.

Retrouvez votre âme d'enfant : les enfants n'ont pas peur, ils parlent aux gens, courent au milieu d'une foule, rient aux éclats, disent ce qu'ils pensent… Ne vous mettez pas de barrière, sauf si ce que vous faites peut blesser l'autre, ou si vous vous mettez en danger. Quand vous ressentez une petite peur, **riez aux éclats,** fort, si fort que la peur disparaîtra comme par magie. »

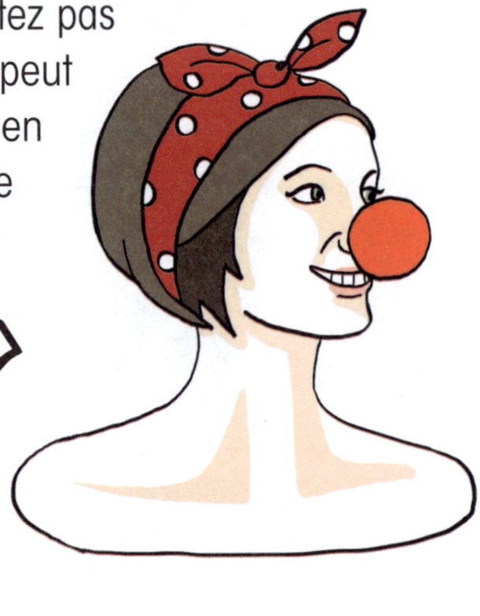

Êtes-vous prêt ? Go !!!

Rire, mode d'emploi

1. S'entraîner à rire

➡ Prenez 3 minutes, chrono en poche, et riez, riez, RIEZ fort, puis doucement, variez les intensités, la force, le son, le rythme...

➡ Comment vous sentez-vous ?

....

....

....

Pour plus de facilité, je ris en rythme sur la chanson *Alouette, gentille alouette*. C'est cadeau, les amis... je vous laisse tester !

C'est mon histoire

« Un jour, Anthony a fait une chute en rollers. J'ai appelé les pompiers, et une fois mon fils pris en charge, je n'ai pas pu retenir mes larmes. Ce n'était pas des larmes de tristesse, mais des larmes de rire, de celles qu'on ne peut en aucun cas calmer. J'avais beau dire aux pompiers que j'étais désolée, je riais de plus belle. C'était une conséquence du choc ! Par chance, mon fils ne souffrait pas tant que ça, malgré une fracture du bras. Je me suis sentie une mère indigne à ce moment très précis...

Le pompier a compris ma réaction et m'a rassurée. Après avoir repris mes esprits, je me suis sentie en mode zen attitude, encore mieux que si j'avais fait une retraite spirituelle d'une semaine au Tibet. »

Astuce

Quand je ris, je n'ai plus peur de rien,
quand je suis aimée, je n'ai plus peur de rien,
quand je suis en sécurité, je n'ai plus peur de rien.
Ma formule pour réussir :
R+A +S = Rire + Amour + Sécurité = J'avance.

2. Fuir les personnes toxiques

Ces personnes vous contaminent : FU-YEZ-LES ! Ne les fréquentez pas ! Face à une personne toxique, je visualise un toboggan : je suis dessus, je glisse, et ce que la personne toxique me dit glisse sur moi.

Exemple : vous sortez de l'ascenseur, une collègue toxique vous dit combien vous avez mauvaise mine aujourd'hui. Calmement, sans aigreur ni agressivité, vous lui répondez : *C'est drôle, c'est exactement ce que je me disais en te regardant.* Ça calme direct, je vous le garantis. Et n'oubliez pas de sourire, c'est carrément désarmant !

3 CHOIX S'OFFRENT À VOUS :

a) j'utilise mon ticket rire

b) je me dis que mon comportement d'aujourd'hui aura un impact demain

c) je m'isole, je ne veux pas d'amis

Réponses a et b : Vous avez tout pigé.
Réponse c : Prenez le temps de relire le conseil du jour.

« Libéré, délivré ! »

Je déchaîne mes pensées

« **En-chaî-nés :** c'est vraiment le mot pour expliquer notre incapacité à avancer dans la vie. Qu'est-ce qui nous limite, réellement ? Qu'est-ce qui nous empêche de faire ce que nous voulons, d'être qui on veut vraiment ? Qu'est-ce qui dresse devant nous des murs si hauts ? Comment nous retrouvons-nous bloqués au sous-sol alors qu'on rêve d'atteindre les étoiles ? Ce sont **nos pensées.** *Nos pensées ? Comment est-ce possible ?* Nous en avons des milliers par jour et nous avons une faculté incroyablement efficace pour les ressasser. Nous avons plein de **croyances** qui guident notre vie depuis des lustres. Ce sont ces affirmations personnelles que nous croyons vraies, et à force de s'accrocher à elles, elles deviennent notre vérité, notre réalité. »

On peut classer les pensées selon leur impact sur le quotidien

➡ **Mode neutre :** ces pensées influencent votre vie de façon ni positive ni négative.
Exemple : *Je pense que mon scooter est plus beau en bleu qu'en blanc. Cela ne changera en rien le cours de ma vie.*

➡ **Mode ressource :** ces pensées vous boostent, vous motivent, vous permettent de franchir des étapes, vous empêchent de ressentir la peur… Elles sont très positives.
Exemple : *Je crois que j'ai de la chance, cela me booste au quotidien et m'empêche d'avoir peur. Quand je doute, je puise dans cette ressource pour me donner du courage et mettre en place les actions adéquates. Certains diront que la chance n'existe pas, mais moi, j'aime y croire.*

➡ **Mode limitant :** ces pensées vous plombent la vie, vous enchaînent et vous empêchent d'avancer. Vous avez constamment peur et vous n'osez pas, vous n'osez plus.
Exemple : *Je crois que je suis incapable de maigrir, donc plutôt que d'essayer, de trouver la méthode qui me convient, de faire quelques ajustements faciles, je reste avec cette idée en tête, je mange encore plus. Je me sabote en permanence, et dès que je commence un régime, il est voué à l'échec par avance, car il est trop drastique. Mon seul objectif inconscient est de donner raison à ma certitude : je ne peux pas maigrir.*

➡ C'est sur ces pensées limitantes, les amis, qu'on va travailler, car les autres sont positives, autant les maintenir et les garder sous le coude.

Apprenons à déverrouiller le cadenas
qui empêche de se libérer de nos chaînes.

C'est son histoire

« La poisse, vous connaissez ? Ou vous connaissez peut-être une personne de votre entourage qui l'attire comme un aimant ? Moi, oui ! Quoi qu'elle fasse, rien ne fonctionne comme elle aimerait, tout capote à un moment ou à un autre, et de ce fait, on craint de s'associer avec elle… Je dirais même qu'on la fuit. Cette personne est au bout de sa vie après chaque échec et la fatalité veut qu'en plus de le vivre au quotidien, elle en a pris conscience et cela en devient une boutade dès qu'on lui propose un nouveau projet.
Sans moi car j'attire la poisse. Je ne prends pas ta voiture parce que je risque d'avoir un accident, un PV, une panne. Je reste célibataire parce que mes histoires d'amour tournent au vinaigre. Ne compte pas sur moi pour arroser tes plantes, mais si tu veux qu'elles crèvent, je m'en occupe…
C'est la vie de Rose, elle ne s'en sort pas et pense constamment qu'elle a la poisse, qu'elle n'a pas de chance. Elle s'est tellement formatée dans ce genre de pensées qu'elle fonctionne en mode automatique pour donner raison en permanence à ses vérités personnelles conscientes ou inconscientes. Cette réalité est sa vie. N'essayez surtout pas de lui prouver le contraire ! Rose a surtout besoin d'un bon coaching ! Mais attendons qu'elle soit prête… »

Comment se libérer des pensées qui nous clouent sur place ?

Êtes-vous prêt ? Go !!!

1. Faire le point

➡ Qu'est-ce qui m'empêche d'atteindre mes objectifs ?

....

....

....

....

....

➡ Quelles sont les affirmations que je me répète en boucle ?

....

....

....

....

....

➡ Où, quand, qui a formulé ces affirmations ?

....

....

....

....

➡ Pourquoi ai-je adopté ces affirmations ?

....

....

....

....

....

➡ Est-ce qu'au fond de moi ces pensées me conviennent ?

....

....

....

....

....

➡ En les prenant comme réalité dans ma vie, de quoi me protègent-elles ?

....

....

....

....

....

➡ Est-ce que ces pensées me permettent d'avancer dans la vie ?

....

....

....

....

À retenir

Ce que vous vivez n'est pas une fatalité, à vous de changer cela.

➡ Et si je faisais taire ces pensées, qu'arriverait-il ?

....

....

....

➡ Est-ce que j'ai la preuve que ce que je pense est vrai ?

....

....

....

➡ Et si pour une fois, et une seule fois, ce n'était pas une fatalité, comment est-ce que je réagirai ?

....

....

....

Bonus :

avez-vous souri aujourd'hui ?

➡ De quelle pensée ressource (celle qui vous booste) pourriez-vous vous servir pour faire barrage aux pensées qui vous empêchent de réussir ?

➡ Comment font les autres face à la même situation ?

2. Passer à l'action

Donnez tort à votre croyance limitante en vous lançant dans une action pour la contrecarrer. Il est toujours temps de penser et de faire autrement.

Exemples de pensées limitantes : *Je suis trop vieux pour… apprendre l'anglais, faire le tour du monde tel un globe-trotteur, jouer du violon comme un virtuose ou danser comme Gene Kelly, ouvrir mon entreprise, me mettre en couple, reprendre des études, changer de travail…*

Je me dis « oui, mais… » : le « oui » représente votre rêve qui vous émerveille et le « mais… » casse l'élan vers votre envie.

Action : commencez par vous documenter, c'est une démarche qui peut sembler minime, mais c'est déjà un premier pas vers le changement.

3 CHOIX S'OFFRENT À VOUS :

a) je crois tout ce que mes pensées me disent

b) je fais le tri entre ce qui me fait avancer et ce qui m'empêche d'évoluer

c) je reste dans mon coin et je subis de plus en plus

Réponses a et c : Prenez le temps de relire le conseil du jour.
Réponse b : vous avez tout pigé.

Parfaitement imparfait

« L'objectif, aujourd'hui, consiste à comprendre que vous pouvez vous lancer dans des projets, même s'ils ne sont pas parfaits dès le début. Vous souhaitez dessiner, cuisiner, lancer une association, faire des vidéos, du yoga, chanter, danser, écrire un blog, vous mettre au sport… Génial ! Mais sachez qu'au début, rien ne sera parfait. Le point positif, c'est que vous aurez enclenché la première vitesse, vous aurez gravi la **première marche,** et, au fil du temps, **vous progresserez**. Personne n'arrive au top sans entraînement.

Le **problème du perfectionnisme,** c'est qu'à force de vouloir être parfait, on ne fait rien, on est paralysé. Vous avez tellement peur que le rendu ne corresponde pas à ce que vous avez imaginé que vous laissez tomber d'avance.

Comment voulez-vous savoir ce que cela donnera si vous ne vous lancez pas ? Il sera toujours temps de faire des modifications par la suite. Le plus important, c'est que le projet vous plaise et qu'il vous fasse vibrer. »

C'est mon histoire

« Plus jeune, j'avais un rêve : faire des représentations théâtrales pour les jeunes enfants. Je ne savais pas comment m'y prendre, je n'avais jamais fait de scène, je ne connaissais pas la production, les structures, les obligations… Mais je savais que j'aimais ça, que j'avais des choses à partager : je voulais faire rêver les enfants. À l'époque, j'étais maman de deux enfants, j'avais un travail et un train-train quotidien. Imaginez le jour où j'ai annoncé la nouvelle : *Je veux être une fée !* J'ai entendu des rires paralysants. De nature très, très, très positive, je me suis dit que mon public était déjà conquis ;). J'ai ensuite cherché à convaincre avec des arguments béton. J'ai écrit et réalisé le spectacle, et je me suis lancée. Non sans bug. Au début, lors de mon récit, je disais : *Approchez-vous les enfants, je vais vous dire mon secret,* et 150 enfants de maternelle arrivaient sur scène. C'était la panique totale ! J'ai donc modifié mon texte. C'est grâce à cette expérience que j'ai affiné mes compétences jusqu'à obtenir un petit bijou de spectacle qui faisait rêver les petits et les grands. Quinze années à parcourir les écoles maternelles, avoir des articles dans les magazines spécialisés, des reportages à la télévision, être invitée au salon de l'éducation. J'étais habitée par mon projet. »

Comment faire ?

Bannissez le point mort, c'est la meilleure façon de rester sur place et de voir les autres vous doubler.

Ayez en tête que le plus important, c'est le chemin parcouru et pas la réussite finale.

Sachez que plus on fait, plus on sait faire !

Votre force, c'est d'être clair avec ce que vous voulez.

Soyez convaincant pour convaincre !

Règles de base à respecter :

- Mon projet ne doit pas me ruiner.
- Il doit me faire très plaisir.
- Il ne doit pas être périssable, le stockage doit être facile.
- Il doit être évolutif (je peux ajouter ou enlever des choses).

Et NON, il ne doit pas être parfait dès le début !

1. Faire le point

Je veux changer, même si tout ne sera pas parfait du premier coup.

- Qui est-ce que je veux être ?

....

....

....

....

- Que dois-je savoir pour y parvenir ?

....

....

....

....

Jour 28

➡ Quelles sont les actions à mettre en place ?

....

....

....

➡ De quelles expériences ai-je besoin ?

....

....

....

➡ Quelle est ma motivation pour passer à l'action ?

....

....

....

➡ Quelles sont les qualités requises pour y arriver (comme la persévérance, la détermination...) ?

....

....

....

➡ Où puis-je trouver de l'aide ?

....

....

....

➡ Quel est mon plan B ?

....

....

....

2. Maladroit, moi ?

➡ Écrivez votre prénom de la main droite si vous êtes gaucher, et de la main gauche, si vous êtes droitier ; si vous êtes ambidextre, utilisez vos pieds :

....

....

....

➡ Que constatez-vous ? L'écriture est tremblotante.

Recommencez une dizaine de fois :

1. ....
2. ....
3. ....
4. ....
5. ....
6. ....
7. ....
8. ....
9. ....
10. ....

➡ Votre écriture a-t-elle changé ? S'est-elle améliorée ?

➡ Que vous apporte cette expérience ?

3. Jeu de rôle

Et si on jouait à un jeu ? Ce jeu s'appelle « faisons semblant ». Vous allez vous comporter tel que vous souhaiteriez être. Incarnez le personnage tel un acteur, ne vous défilez pas : **c'est le rôle de votre vie.** Rassurez-vous, vous n'êtes pas schizophrène, on continue, tout va bien !

Le saviez-vous ?

➡ Demandez de l'aide, laissez votre entourage vous donner des avis constructifs et fuyez les personnes qui vous découragent, ou alors servez-vous-en pour vous donner de l'énergie et leur prouver que vous pouvez y arriver.

➡ Acceptez l'erreur, même si le regard des autres vous fait souffrir et que vous pensez ne pas être à la hauteur. Peu importe ce qu'ils pensent. Le jour où vous réussirez, ils seront les premiers à vous dire : *J'avais confiance en toi, je savais que tu allais réussir !*

4. Apprendre de ses erreurs

➡ Posez-vous les bonnes questions :

- Pourquoi ça n'a pas fonctionné ? ....

....

- Qu'ai-je fait qui ne correspondait pas à ce que j'attendais ?

....

- Ai-je brûlé une étape ? Laquelle ?

....

- Comment puis-je améliorer ma prochaine tentative ?

....

....

En fait, c'est passionnant de se tromper, car on se creuse la tête pour trouver une autre solution. C'est comme le Rubik's Cube : on essaie, on s'énerve, on réfléchit, on essaie de nouveau jusqu'au jour où on réussit parce que cela nous tient à cœur. Prochaine étape, c'est de réussir dans un temps record !

3 CHOIX S'OFFRENT À VOUS :

a) je fais tout sans me poser mille questions, j'y crois fort, fort

b) je fais un bilan de chacune de mes actions et j'ajuste

c) la tête sous l'oreiller, je me dis que je suis nul et qu'il est préférable de rien faire

Réponses a et b : Vous avez tout pigé.
Réponse c : Prenez le temps de relire le conseil du jour.

Jour 29

Je fais le point

sur mes vrais besoins

« Ne pas satisfaire ses besoins, c'est risquer de se sentir frustré, stressé et démotivé. On estime toujours qu'il y a plus urgent, plus important, qu'il faut faire plaisir aux autres d'abord. Bref, on fait passer nos besoins au second plan. J'adorerais me faire un massage, faire un baptême de l'air, des cours de zumba, étudier la guitare, mais je n'ai pas les moyens en ce moment, ma mère est malade et je dois m'en occuper, mon travail me prend tout mon temps, la famille me met la pression… L'heure est venue d'identifier nos besoins indispensables, ceux auxquels on doit répondre, ceux qu'on ne doit pas oublier, étouffer, au risque un jour d'exploser, telle une Cocotte-Minute, ou de se retrouver cloué au lit, un oreiller sur la tête. Combien d'entre nous attendent d'être malade, au bout du rouleau, en burn-out pour réagir et reprendre leur vie en main ? **Respecter et satisfaire ses besoins, c'est ici et maintenant.** Je cible tout sur la prévention, l'anticipation. »

Je ne suis pas certaine que la dernière paire d'escarpins à 200 euros soit indispensable à votre vie, mais qui sait ?
Si vous allez signer un gros contrat et que celui-ci dépend du look de vos chaussures, alors ok !

SATISFAIRE SES BESOINS, C'EST EN SORTE COMME UNE SÉCURITÉ :

- C'est le sas de décompression (vous respirez mieux).
- Une bouée de sauvetage (la tête toujours hors de l'eau).
- Un harnais (vous ne tombez pas dans le vide).

Comment procéder ?

Selon le psychologue Abraham Maslow, les besoins sont classés et hiérarchisés en 5 catégories qu'il présente sous la forme d'une pyramide. Ce sont, de bas en haut :

1. les besoins physiologiques (faim, soif, sommeil…),
2. les besoins de sécurité (protection, ordre…),
3. les besoins sociaux (appartenance à un groupe, amour…),
4. les besoins d'estime (réussite, reconnaissance…)
5. les besoins de réalisation de soi (créativité, développement personnel…).

Clément Bergon a résumé ses recherches. Tant qu'un besoin n'est pas satisfait, il constitue une source de motivation. À partir du moment où il est satisfait, c'est le besoin supérieur qui apparaîtra comme une nouvelle source de motivation. Ainsi, si les besoins physiologiques, comme la faim ou la soif, ne sont pas remplis, nous serions prêts à mettre notre sécurité en jeu. Si l'on est sûr de manger ou de boire, on cherchera alors à assurer sa sécurité matérielle. Puis ce sont les besoins sociaux qui deviendront source de motivation. Les allers-retours du sommet à la base de la pyramide sont parfaitement possibles.

Vos besoins passent donc par une bonne alimentation, le repos, du sport, des loisirs, du rire, du fun, du savoir, de la curiosité, de l'amour, de l'amitié, de la musique, des soins…
et doivent être satisfaits tout au long de l'année.

Jour
29

C'est mon histoire

« J'ai un besoin en particulier qui assez tenace et récurrent. Quoi que je fasse dans ma vie, j'ai un **besoin viscéral de sécurité,** d'être en confiance. Je suis globalement très prudente, ce qui m'amène en permanence à anticiper pour ne pas me retrouver dans une situation de déception ou difficile. Cela me rassure, même si je sais que tout ne peut pas être prévu. Sur une pub, je regarde systématiquement les petites lignes, celles que personne ne lit. Quand une personne me propose un projet, j'écoute mon intuition et je me projette en prenant en compte les risques éventuels. Quand j'ai fait le tour de l'affaire, je fais mon choix. Tout roule quand ce besoin est couvert. Cela m'évite de me mettre dans des états pas possibles ! »

1. Faire le point

➡ Commencez par lister ce qui vous frustre, ce qui vous manque quand vous ne l'avez pas :

....

....

....

....

....

➡ Qu'est-ce qui vous fait du bien ?

....

....

....

....

....

➡ Qu'est-ce qui remporte la médaille d'or de ce qui vous fait le plus de bien ?

....

....

....

....

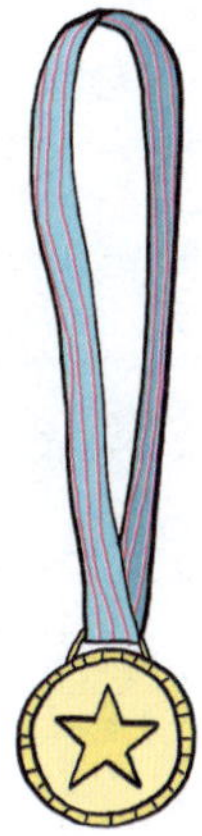

Connaître vos besoins, c'est prendre rendez-vous avec VOUS, la personne la plus importante, donc on n'annule pas ce rendez-vous.

2. Aller plus loin

Quels sont vos besoins ?

➡ En famille : ....

....

....

➡ En couple : ....

....

....

➡ Pour vous : ....

....

....

➡ Au travail : ....

....

....

Jour 29

➡ Dans vos loisirs :

➡ Posez-vous la question clé : de quoi ai-je besoin pour me sentir bien ?

- être dans l'action
- être accepté
- se sentir en sécurité
- se sentir écouté
- se sentir utile
- se sentir aimé
- autres :

Avez-vous remercié la vie
de ce qui vous arrive aujourd'hui ?

3 CHOIX S'OFFRENT À VOUS :

a) je fais la liste de mes besoins

b) je fais la liste de ce qui me manque pour être bien

c) j'attends d'être au bout du bout avant d'agir

Réponses a et b : Vous avez tout pigé.
Réponse c : Prenez le temps de relire le conseil du jour.

Ma déclaration d'amour

Je m'aime !

« Si je vous demande si vous vous aimez, vous me répondrez, **surpris,** comme beaucoup d'entre nous « OUI, bien sûr ! » À vrai dire, on ne se pose jamais vraiment la question : *Est-ce que je m'aime ?*, cela paraît **tellement évident,** alors qu'on est parfois bien loin de la vérité. Je dirais même qu'on s'insupporte, qu'on se déteste, qu'on s'en veut, qu'on se fait souffrir. Comment se sentirait-on si on apprenait à s'aimer, se pardonner, s'accepter, se recentrer, s'apprécier, se valoriser ? Cela deviendrait une bouffée d'oxygène dans ce monde pollué. »

Qu'est-ce que l'amour de soi ?

C'est notre capacité à prendre soin de nous et de notre bien-être. Ce mode de fonctionnement n'est en aucun cas futile ni prétentieux. Olivia Vindry, coach, vous dira que **se valoriser est une des clés indispensable pour être heureux.**

Je m'aime trop : attention au narcissisme ! Je peux déjà vous garantir que se dire : *Je m'aime, je m'aime, je m'aime,* en se bisouillant la main et en se prenant en selfie constamment ne suffira pas à vous aimer +++.

Je ne m'aime pas assez : vous n'avez peut-être pas reçu assez d'amour en étant enfant, pas de panique, vous trouverez toujours sur votre route une personne présente, attentive et qui veille sur vous, sans vous juger.

Jour 30

C'est mon histoire

« J'ai longtemps fait partie de ces personnes qui vont bosser même avec 40 °C de fièvre, les amygdales qui sortent des oreilles et qui virent du rouge au blanc avec une douleur puissance 2 000. Je pensais rendre service, mais comment être efficace dans cet état ? Jusqu'au jour où, épuisée de travailler 10 heures d'affilée, sans reconnaissance en retour, j'ai dit STOP. J'ai compris alors que si je ne prenais pas soin de moi, j'allais droit dans le mur. Aujourd'hui, dès que je peux, je reste seule, je fais ma feignante. Je traîne, je me ressource : c'est ma façon à moi d'être plus efficace quand je me mets à travailler. »

Remplissez ce questionnaire pour voir si vous manquez d'amour de soi ?

- Vous faites passer le confort des autres avant le vôtre : *Sympa d'être dans la générosité, mais pensez à vous ! Sinon, qui le fera ?*
- Vous vous négligez : *À quoi bon ?*
- Vous laissez les autres vous insulter : *Ce n'est pas grave...*
- Vous acceptez une situation même si cela ne vous plaît pas : *Vous vous taisez.*
- Vous acceptez d'être sous-payé : *C'est normal.*
- Vous restez dans la même boîte alors que vous n'aimez pas votre travail : *C'est mieux que le chômage.*
- Vous ne prenez jamais de temps pour vous : *Je n'ai pas le temps, donc je n'ai pas de vie.*
- Vous mangez n'importe quoi : *Peu importe.*
- Vous avez l'impression que vous ne méritez pas les bonnes choses de la vie : *Ce n'est pas pour vous.*
- Vous vous faites du mal : *Pas grave.*
- Vous vous abandonnez physiquement à tous ceux que vous rencontrez : *Je m'en fous de moi, je n'ai pas d'importance !*

Le manque d'estime de soi n'est pas une fatalité. Aujourd'hui, dites-vous :
Je suis important et je vais m'aimer pour ce que je suis.

N'oubliez pas que vous êtes votre meilleur ami.

Comment mieux vous aimer ?

1. Je t'aime ! Je l'aime ! Je m'aime aussi… !

➡ Quelle personne aimez-vous le plus dans votre vie ?

....

➡ Comment êtes-vous avec elle ?

....

....

....

....

➡ Est-ce que vous vous traitez de la même façon ?

....

....

....

....

2. Un oui qui dit non ?

AVANT

Listez les situations que vous avez acceptées alors que vous auriez aimé dire non ou faire le contraire ?

➡ Au travail : ……………………………………………………

➡ À la maison : ……………………………………………………

➡ Envers moi-même : ……………………………………………………

➡ Avec l'entourage : ……………………………………………………

➡ Avec la famille : ……………………………………………………

➡ Autres : ……………………………………………………

MAINTENANT

Aujourd'hui, pour vous comporter avec AMOUR en vue de votre bien-être, vous allez agir différemment. Qu'allez-vous mettre en place ?

➡ Au travail (ex. : je dis non à du travail après 19 h) :

……………………………………………………

➡ À la maison (ex. : je dis à mes enfants de débarrasser leur assiette) :

……………………………………………………

➡ Envers moi-même (ex. : je suis importante) :

……………………………………………………

➡ Avec l'entourage (ex. : je ne suis pas dispo, j'ai rdv avec l'esthéticienne) :

……………………………………………………

➡ Avec la famille (ex. : maman, je te rappelle, je suis occupée) :

……………………………………………………

➡ Autres (ex. : je ne peux pas garder votre chat) :

....

3. Tout ce que j'aime !

Se valoriser est une des clés pour s'aimer plus. Alors go ! Qu'est-ce que j'aime chez moi ?

La liste est longue ! ....

....

....

....

Mon message : aimez votre vie et accordez-lui de l'importance, du temps, de l'intérêt, du sens, de l'intelligence, de l'apprentissage, de l'écoute… **sinon, la vie vous mettra KO.**

J'aimerais que vous vous imaginiez ambassadeur ou ambassadrice de l'amour de soi, vous êtes responsable de cette purcurte.

3 CHOIX S'OFFRENT À VOUS :

a) j'accepte d'être qui je suis

b) je mets en avant ce qui me plaît chez moi

c) je passe toutes mes soirées à engloutir des pots de glace en espérant changer

Réponses a et b : Vous avez tout pigé.
Réponse c : Prenez le temps de relire le conseil du jour.

Mon bilan de la semaine n° 4

« OUI, vous pouvez réaliser vos rêves, ne laissez personne vous dire le contraire. Ce n'est pas un don pour des gens privilégiés, on y a tous droit, mais ce n'est pas inné, ça se bosse mes amis ! Il est l'heure de faire le bilan des changements mis en place cette semaine. »

Bilan global :

Qu'est-ce que j'ai appris lors de cette quatrième semaine ?

Quels ont été les objectifs que j'ai mis en place ?

Quelles difficultés ai-je rencontré ?

Quelles solutions ai-je trouvé pour réussir les exercices ?

Quels bénéfices ai-je obtenu ?

Comment est-ce que je me sens ?

Pourquoi est-ce important pour moi de persévérer ?

Jour 22. J'APPRENDS DE NOUVELLES CHOSES

1. Qu'ai-je appris ces derniers jours ?

2. Comment ai-je procédé ?

3. Suis-je fier de moi (sur une échelle de 1 à 10, sachant qu'à 10, vous êtes très, très fier !).

0 5 10

4. Comment est-ce que je vais faire pour arriver à 10 ?

5. Qu'est-ce que les autres m'ont appris en culture générale ?

Jour 23. MON ALIMENTATION

1. Qu'est-ce que j'ai appris sur le cerveau et l'alimentation ?

2. Comment est-ce que je vais améliorer mon alimentation ?

➡ ***Bravo de prendre soin de vous de cette façon !***

Jour 24. J'AI CONFIANCE EN MON INTUITION

1. Ai-je commencé à développer mon intuition ?

☐ oui ☐ non

2. Suis-je plus à l'écoute ?

☐ oui ☐ non

3. Est-ce que les messages ont été plus clairs ? Notez de 1 à 5 :

☐ 1 ☐ 2 ☐ 3 ☐ 4 ☐ 5

4. Ai-je su faire le bon choix ?

☐ oui ☐ non

Jour 25. JE LÂCHE PRISE !

1. Dans quelles situations ai-je réussi à lâcher prise ?

....

....

2. Dans quels domaines de la vie est-ce important pour moi ?

....

....

3. Qu'ai-je mis en place comme exercice ?

....

....

4. Qu'ai-je ressenti ?

....

....

5. Qu'ai-je appris sur moi ?

....

....

....

6. Est-ce que ça m'a fait du bien ?

- oui
- non

7. Voici 2 comportements que je dois arrêter au plus vite :

1..

2..

➡ ***Et si vous bloquez, lâchez prise sur ça aussi !***

Jour 26. LE RIRE COMME THÉRAPIE

1. Est-ce que j'ai une blague à raconter ?

....

....

....

2. Je veux vous voir avec la banane, le *SMILE* (le sourire). Dessinez un immense *smiley* !

Jour 27. « LIBÉRÉ, DÉLIVRÉ ! »

1. De quelles pensées me suis-je libéré ?

....

2. Est-ce que cela m'a fait avancer ?

- oui
- non

3. De quelle façon ?

....

4. Dans quel domaine de ma vie ?

....

5. Pourquoi est-ce important pour moi ?

....

6. Qu'est-ce que je ressens ?

....

7. Sur quelles pensées limitantes puis-je travailler la prochaine fois ?

....

Jour 28. PARFAITEMENT IMPARFAIT

1. Ai-je enfin accepté d'être imparfait pour avancer dans la vie ?

- oui
- non

2. Qu'ai-je accepté de mon imperfection ?

....

3. Ai-je accepté d'oser plusieurs tentatives et actions avant d'arriver au résultat final ?

- oui
- non

Dans quel(s) domaine(s) ?...

4. Suis-je passé à l'action ?

- oui
- non

Comment ?..

5. Où en est mon projet ?

....

Jour 29. JE FAIS LE POINT SUR MES VRAIS BESOINS

1. Est-ce que j'ai trouvé mes besoins essentiels pour fonctionner ?

- oui
- non

2. Les ai-je mis en place ?

- oui
- non

3. Qu'ai-je appris sur moi ?

....

4. Est-ce que je vais désormais veiller à satisfaire mes besoins sur le long terme ?

- oui
- non

➡ ***Bravo, je sens que vous pensez beaucoup plus à vous, vous mettez en marche une machine toute neuve.***

Jour 30. MA DÉCLARATION D'AMOUR

1. Ai-je fait l'exercice sur savoir dire NON ?

- oui
- non

2. Combien de fois ai-je agi en faveur de mon bien-être ?

....

....

....

....

3. Est-ce que je m'aime ?

- oui
- non

➡ ***Essayez et persévérez encore et toujours pour une meilleure efficacité.***

Vivre authentique

« Il y a quelques années, je me suis retrouvée sur le quai du métro. Un vieux monsieur était en train d'insulter toutes les personnes qui passaient devant lui. Il faisait un peu peur avec ses cris, ses mots désagréables et son ébriété. On pouvait lire dans le regard des passants la peur, la gêne, l'hésitation. Je comprends tout à fait. Et curieusement, je n'avais pas peur. Spontanément, je lui ai offert mon sourire le plus beau et le plus sincère. Vous savez ce que j'ai eu en retour ? Ce vieux monsieur m'a souri et m'a pris dans ses bras. Vous savez ce que j'ai ressenti ? Une énorme bouffée de chaleur réconfortante. Un vrai cadeau.
Ce moment, je ne l'oublierai jamais. Je ne me suis pas forcée, c'était naturel et sincère. À ce moment-là, j'étais authentique et vraie, je n'avais pas peur, car cet homme, cela pouvait être moi un jour. On ne sait jamais ce que la vie nous réserve. J'aime être avec les autres comme j'aimerais que les autres soient avec moi.
Chargez-vous en bonnes ondes et offrez-les à qui en veut. »

Vous voyez les poupées russes emboîtées les unes dans les autres ?
À chaque fois, on en trouve une plus petite. Eh bien, la toute petite, la plus importante, celle tout à la fin, c'est celle qui est authentique. Si elle est perdue, il manque quelque chose d'irremplaçable. Que vous soyez artiste, patron, employé, indépendant… on aimera votre **authenticité.** Vous ne jouez pas, vous ne surjouez pas : vous êtes vous-même, avec vos qualités et vos défauts. Attention, être authentique, ça ne veut pas dire être franc et dire ce qu'on pense pour casser et faire du mal. Je vous invite plutôt à être authentique en y ajoutant une intention positive, c'est mieux !

Le développement personnel est une belle avancée sur soi. Il permet de répondre à certaines questions et trouver des solutions concrètes aux difficultés rencontrées dans la vie.
Certains changements ne sont pas faciles, certaines choses nous paraissent inutiles ou compliquées. Mais nous essayons de changer. Nous n'avons pas tous le comportement d'un sage, mais on peut essayer, à notre niveau, de s'aimer et d'aimer les autres. C'est déjà pas mal !

➡ *Remerciez.* Dire MERCI, c'est être reconnaissant de ce qui nous arrive, c'est un mot on ne peut plus simple à dire, mais qui a une **grande valeur**. Je crois beaucoup à mon ange gardien et, dès que j'y pense, je le remercie de me soutenir, de me montrer le chemin, de me protéger… Je ne suis pas spécialement croyante, mais j'ai la foi. Dire merci au voisin du dessus qui vous inonde depuis des années, je peux comprendre votre résistance à lui être reconnaissant, mais ne serait-ce pas un signe pour déménager ? Qui sait ! Cherchez le message !

➡ *Positivez !* Un événement malheureux peut être le tournant d'une vie heureuse. Acceptez les moments douloureux, ils sont là pour vous montrer un chemin auquel vous n'auriez pas pensé ou sur lequel vous n'auriez pas osé aller.

➡ *Aimez !* C'est un peu l'objectif de tous de se sentir aimé et d'aimer, même si nous ne le formulons pas directement. Enlacer, embrasser, protéger, câliner… Avez-vous remarqué cette énergie que nous ressentons quand nous aimons ou que nous sommes aimés ? Ça nous donne de la force, des envies, le moral, le sourire, du dynamisme…
N'oubliez pas que votre sourire est une arme fatale pour créer un lien entre vous et les autres.
Un sourire illumine votre vie, un sourire reçu est imprimé comme un souvenir, un sourire est une magnifique photo, un sourire est **gratuit** et rassure la personne en face de vous, un sourire, c'est un réflexe naturel qu'on s'interdit, c'est un cadeau et ça brise la glace. On évite évidemment le sourire moqueur ! C'est un moment de partage…

Être une personne authentique

C'est **être vrai**.
C'est **s'accepter** avec ses défauts et ses qualités, ne pas faire semblant pour paraître.
C'est **assumer** ce que l'on dit, fait envers soi-même et les autres.
C'est **s'aimer** tel que l'on est.
C'est arrêter de faire du vent pour **ne rien dire**.
C'est ne pas essayer d'être une **autre personne**.
C'est choisir un **vêtement confort** pour être à l'aise.
C'est **sortir du cadre** pour son bien-être.
C'est ne pas vivre en fonction des autres, mais de **soi**.
C'est la personne que vous êtes **vraiment** quand vous vous retrouvez seul.
C'est la personne qui **ose** danser dans sa salle de bains et chante à tue-tête.
C'est notre **part d'enfant,** de naïveté que l'on a souvent perdue.
C'est notre **côté créatif** qui ressort.
C'est notre **générosité** qui déborde.
C'est **pleurer** quand on regarde un film qui nous émeut.
C'est **rire** aux éclats au milieu d'une foule.
C'est **enchaîner** une mini-chorégraphie en attendant le métro.
C'est **arrêter** de se battre.
C'est **se sentir libre** malgré les on-dit, les réflexions, les avis, les jugements, les critiques…
C'est **ne plus lutter** contre le temps.
C'est **dire ce que l'on pense** sans blesser l'autre.
C'est dire « **je t'aime** » sans honte, sans crainte, le dire comme ça, cela vous fera du bien et fera du bien à l'autre.
C'est **inspirer les autres** par vos actions et votre savoir-être.

Dites merci à votre vrai vous

Votre cœur vous dira ce que c'est d'être authentique, écoutez-le, votre authenticité est cachée sous des couches de paraître, de protection superficielle, de peur, de jugement… Balayez cela d'un bon coup de balai et soyez cohérent entre votre tête, vos paroles et vos actes.

Sourire

➡ Souriez à 5 personnes différentes, inconnues ou connues. Quand ? Qui ?

1. ....
2. ....
3. ....
4. ....
5. ....

Remercier

➡ Dites « merci » à 5 personnes différentes. Quand ? Qui ? Pourquoi ?

1. ....
2. ....
3. ....
4. ....
5. ....

Je t'aime

➡ Dites « je t'aime » à 5 personnes différentes. Quand ? Qui ? Pourquoi ?

1. ....
2. ....
3. ....
4. ....
5. ....

Avant de partir,
j'ai encore quelque chose à vous dire...

« **D**ans ce livre, vous avez pris **connaissance** de certaines choses, mais en avez-vous pris **conscience** ? La différence est subtile, mais elle existe. Si vous n'avez pas pris conscience de certaines choses, ça va être compliqué de changer. C'est déjà un début, cela dit !
Parfois, il faut accepter de **faire différemment,** de rompre avec le passé pour aller vers le changement et être prêt à s'engager. Ne pas s'installer dans la routine (c'est comme un canapé trop moelleux dont on a un mal fou à sortir). Anticipez les situations, les événements, projetez-vous pour vivre la vie que vous voulez. Que risquez-vous ? Rien n'est blanc ou noir : il y a de multiples possibilités. »

Je vous propose un dernier quiz. Sachez que ce guide reste avec vous, que vous pouvez le rouvrir en page 1 et tout recommencer, papillonner de chapitre en chapitre. L'oublier dans votre sac et le ressortir dans 3 mois.

Faites une liste des choses positives et négatives dans différents domaines de votre vie (famille/travail/couple/amis/projets).

➡ S'il y a plus de positif : continuez comme ça.

➡ S'il y a plus de négatif : bougez-vous, vous ne pouvez pas continuer comme ça. Pensez à couvrir vos besoins. Qu'est-ce qui vous manque aujourd'hui ?

Projetez-vous dans 3 mois... Qu'est-ce qui vous manque ?
Et dans 6 mois... Qu'est-ce qui vous manque ?

Vous souvenez-vous de la boîte à remonter le temps dont je vous ai parlé dans l'introduction ? C'est l'heure de l'ouvrir et de lire les petits papiers que vous y avez placés. Observez cette magie, regardez les progrès mis en place, vous avez déplacé des montagnes par votre détermination.

Remerciements

de l'auteure aux coachs experts :

Clément Bergon
Amandine Capdeville
Olga Ciesko
Patrice Lacovella
Malou Moulis
Jean-Pierre Padou
Mylène Rejment
Mathieu Schlachet
Sophie Vakili
Olivia Vindry

Et tout particulièrement
à mes mentors :
Martin Latulippe
David Lefrançois

Retrouvez Anna Austruy
sur sa page Facebook
pour continuer la discussion sur 30 jours pour changer de vie.

Mes recommandations de coachs experts

Clément Bergon,
formateur
www.clement-bergon.com

Amandine Capdeville,
hypnothérapeute
acapdeville.coach@gmail.com

Olga Ciesco,
conférencière experte en communication non verbale

Patrice Lacovella,
sophrologue pour enfants,
créateur des Émoticartes, gestion des émotions

Malou Moulis,
formatrice, conférencière
http://lelabodemalou.com

Jean-Pierre Padou, coach expert sportif et mental
contact@coach-jp.com
www.neuro4fitness.com

Mylène Rejment, coach expert comportemental
www.inspiraction-coaching.fr

Mathieu Schlachet,
ostéopathe

Sophie Vakili
www.sophievakili.com

Olivia Vindry
sophrologue, thérapies brèves
olivia.vindry@me.com

Une pensée amicale et chaleureuse
ainsi qu'un grand merci
à tous mes lecteurs et lectrices.

PAPIER À BASE DE FIBRES CERTIFIÉES

LAROUSSE s'engage pour l'environnement en réduisant l'empreinte carbone de ses livres. Celle de cet exemplaire est de :
1 kg éq. CO_2
Rendez-vous sur www.larousse-durable.fr

Imprimé en Espagne par INDUSTRIA GRAFICA CAYFOSA
Dépôt légal : janvier 2018
319905/01 -11035761 - novembre 2017